KSIĄŻKA KUCHENNA MOJE MAŁE CIASTO

Od mini ciast po smaczne tarty — poznaj 100 kuszących przysmaków prosto z piekarnika

Bianka Szymczak

Prawa autorskie ©2024

Wszelkie prawa zastrzeżone

Żadna część tej książki nie może być wykorzystywana ani rozpowszechniana w jakiejkolwiek formie i w jakikolwiek sposób bez odpowiedniej pisemnej zgody wydawcy i właściciela praw autorskich, z wyjątkiem krótkich cytatów użytych w recenzji. Niniejsza książka nie powinna być traktowana jako substytut porady lekarskiej, prawnej lub innej porady zawodowej.

SPIS TREŚCI

- SPIS TREŚCI 3
- WSTĘP 6
- **MINI CHLEBKI** 7
  - 1. Mini bochenki maku cytrynowego 8
  - 2. Mini bochenki chleba bananowo-orzechowego 10
  - 3. Mini bochenki chleba czekoladowego z cukinią 12
  - 4. Mini jablkowe bochenki cynamonowe 14
  - 5. Mini bochenki ciasto marchewkowe 16
  - 6. Mini bochenki chleba dyniowego 18
- **MINI CIASTA** 20
  - 7. Mini szarlotki 21
  - 8. Mini ciasta dyniowe 23
  - 9. Mini ciasta wiśniowe 25
  - 10. Mini ciasta jagodowe 27
  - 11. Mini kluczowe ciasto limonkowe 29
  - 12. Mini ciasta z kremem czekoladowym 31
- **MINI CIASTA** 33
  - 13. Mini biszkopt Wiktoria 34
  - 14. Mini ciasto cytrynowe z polewą cytrynową 36
  - 15. Mini czekoladowe eklery 38
  - 16. Mini kawowe ciasto orzechowe 40
  - 17. Mini ciasta na podwieczorek 42
  - 18. Mini ciasteczka marchewkowe 45
  - 19. Mini torty z czerwonego aksamitu 47
  - 20. Tort z kremem ptysiowym i eklerami 50
- **MINI TARTY** 53
  - 21. Mini tarty z mieszanymi jagodami 54
  - 22. Mini tarty czekoladowo-orzechowe z masłem orzechowym 56
  - 23. Mini tarty owocowe 58
  - 24. Mini tartaletki cytrynowe 60
  - 25. Mini tartaletki czekoladowe z ganache 62
  - 26. Mini tartaletki malinowo-migdałowe 64
  - 27. Mini pikantne tartaletki quiche Lorraine 67
- **CIASTO POPS I PIŁKI** 70
  - 28. Funfetti Ciasto Pops z konfetti 71
  - 29. Klasyczne waniliowe ciasto na patyku 74
  - 30. Czekoladowe kulki ciastkowe 77
  - 31. Cytrynowo Malinowe Ciasto Pops 80

32. Kuleczki z kremowego sernika Czerwony aksamit 83
33. Ciasteczka i Kremowe Ciasto Wyskakuje 86
34. Kuleczki z Solonego Karmelu 89
35. Kuleczki z sernika truskawkowego 92

MINI KANAPKI 95
36. Mini Kanapki Caprese 96
37. Mini kanapki z sałatką z kurczakiem 98
38. Mini kanapki z indykiem i żurawiną 100
39. Mini Suwaki z Szynką i Serem 102
40. Mini kanapki klubowe wegetariańskie 104

CIASTECZKA 106
41. Ciasteczka Precelowe i Karmelowe 107
42. Ciastko Konopne Buckeye 109
43. Ciasteczka kanapkowe z mieszanką ciast 111
44. Ciasteczka z granolą i czekoladą 113
45. Pudełko na ciasteczka z cukrem 115
46. Niemieckie ciasteczka w pudełku 117

PTYSIE 119
47. Ptysie z kremem koktajlowym 120
48. Ptysie z kremem malinowym 122
49. Ptysie z kremem z orzechów laskowych i prażonych pianek marshmallow 124
50. Ptysie z kremem truskawkowym 128
51. Ptysie z kremem cytrynowym 131
52. Ptysie z kremem pralinowo-orzechowym 133
53. Ptysie z kremem jagodowym 135
54. Ptysie z kremem kokosowym 137
55. Ptysie z kremem w sosie espresso 139
56. Ptysie z kremem Chai 142
57. Ptysie z kremem migdałowym 145

EKLARY 147
58. Mini Czekoladowe Eklery 148
59. Ciastka i Kremowe Eklery 151
60. Czekoladowe eklery z orzechami laskowymi 154
61. Pomarańczowy Eklery 157
62. Eklery z marakuji 161
63. Pełnoziarniste owocowe eklery 164
64. Eklery z marakuji i malin 167
65. Eklery Cappuccino 171
66. Eklery pistacjowo-cytrynowe 173
67. Klonowe glazurowane eklery z orzechami 178

ROGALIKI 181
68. Mini Rogaliki Migdałowe 182
69. Rogaliki z różową różą i pistacjami 184

70. Rogaliki z miodem lawendowym 188
71. Rogaliki z płatkami róż 190
72. Rogaliki z kwiatami pomarańczy 192
73. Croissanty z hibiskusem 194
74. Rogaliki jagodowe 196
75. Rogaliki Malinowe 198
76. Rogaliki brzoskwiniowe 200
77. Mieszane rogaliki jagodowe 202
78. Rogaliki żurawinowe i pomarańczowe 204
79. Croissanty Ananasowe 206
80. Rogaliki śliwkowe 208
81. Croissanty Bananowe Eclair 210

BABECZKI I MUFFINKI 212

82. Cytryna r Babeczki z mieszanką ciast 213
83. Czekoladowe Babeczki Karmelowe 215
84. Babeczki Błotne 217
85. Mieszanka ciast dyniowych Muffins 219
86. Mieszanka ciast Pralinowe Babeczki 221
87. Piña Colada i babeczki 223
88. Miniciasteczka Wiśniowo- Cola 225
89. Babeczki Czerwone Aksamitne 227
90. Babeczki Szarlotkowe 229
91. Silny Babeczki Mysie 231

BARY I KWADRATY 233

92. Sztaby szachowe 234
93. Batoniki malinowe i czekoladowe 236
94. Ciasto Mieszane Batony Wiśniowe 238
95. Ciasto czekoladowe 240
96. Potluckie bary 242
97. Batony z ciasteczkami maślanymi 244
98. Pudełko na ciasto Słupy 246
99. Natchnione masło orzechowe Kwadraty 248
100. Batony z orzechami karmelowymi 250

WNIOSEK 252

WSTĘP

Wejdź do słodkiego i smakowitego świata wypieków dzięki „Książce kucharskiej „Moja mała tortownica: od mini ciastek po smaczne tarty – poznaj 100 kuszących przysmaków prosto z piekarnika". Pieczenie to nie tylko sztuka kulinarna; to magiczna podróż pełna ciepła, aromatu i obietnicy rozkosznej rozkoszy. W tej książce kucharskiej zapraszamy Cię do wyruszenia w pełną smaku przygodę, podczas której odkrywamy zachwycający wybór 100 smakołyków, którym nie można się oprzeć, a wszystkie pieczone do perfekcji w Twojej sprawdzonej tortownicy.

Od dekadenckich minitortów ozdobionych lukrem po eleganckie tarty pełne sezonowych owoców – każdy przepis w tej książce kucharskiej został stworzony, aby rozpalić Twoją pasję do pieczenia i zaspokoić Twój apetyt na słodycze. Niezależnie od tego, czy jesteś doświadczonym piekarzem, czy początkującym entuzjastą, na tych stronach znajdziesz inspirację, wskazówki i radość. Dzięki jasnym instrukcjom, pomocnym wskazówkom i oszałamiającym zdjęciom poczujesz się pewnie podczas ubijania, składania i pieczenia, aby osiągnąć kulinarną rozkosz.

Skromna forma do ciasta służy jako płótno dla naszych kulinarnych kreacji, oferując nieograniczone możliwości eksperymentowania i kreatywności. Niezależnie od tego, czy pieczesz na specjalną okazję, kameralne spotkanie, czy po prostu masz ochotę na coś słodkiego, znajdziesz coś dla każdego gustu i na każdą chwilę. Rozgrzej więc piekarnik, zbierz składniki i zanurz się w czarujący świat pieczenia z przewodnikiem „Moja mała blaszka kucharska".

MINI CHLEBKI

1. Mini bochenki maku cytrynowego

SKŁADNIKI:
- 1 Mąkę o wszechstronnym przeznaczeniu
- 1/2 łyżeczki proszku do pieczenia
- 1/4 łyżeczki sody oczyszczonej
- 1/4 łyżeczki soli
- 1 łyżka maku
- 1/2 szklanki niesolonego masła, zmiękczonego
- 3/4 szklanki granulowanego cukru
- 2 duże jajka
- 1 łyżka skórki cytrynowej
- 1/4 szklanki świeżego soku z cytryny
- 1/4 szklanki maślanki
- 1/2 łyżeczki ekstraktu waniliowego

INSTRUKCJE:
a) Rozgrzej piekarnik do 175°C (350°F). Nasmaruj tłuszczem i mąką mini foremki na bochenek.
b) W średniej misce wymieszaj mąkę, proszek do pieczenia, sodę oczyszczoną, sól i mak.
c) W dużej misce utrzyj masło z cukrem pudrem na jasną i puszystą masę.
d) Wbijaj jajka, jedno po drugim, następnie dodaj skórkę z cytryny, sok z cytryny, maślankę i ekstrakt waniliowy.
e) Stopniowo dodawaj suche składniki do mokrych, miksuj tylko do połączenia.
f) Rozłóż ciasto równomiernie pomiędzy przygotowanymi mini foremkami.
g) Piec w nagrzanym piekarniku przez 20-25 minut lub do momentu, aż wykałaczka wbita w środek będzie sucha.
h) Pozostaw bochenki do ostygnięcia w formie na 10 minut, a następnie przenieś je na metalową kratkę, aby całkowicie ostygły.

2.Mini bochenki chleba bananowo-orzechowego

SKŁADNIKI:
- 1 1/2 szklanki mąki uniwersalnej
- 1 łyżeczka sody oczyszczonej
- 1/4 łyżeczki soli
- 1/2 szklanki niesolonego masła, zmiękczonego
- 1/2 szklanki granulowanego cukru
- 2 duże jajka
- 1 łyżeczka ekstraktu waniliowego
- 3 dojrzałe banany, rozgniecione
- 1/2 szklanki posiekanych orzechów włoskich lub pekan

INSTRUKCJE:
a) Rozgrzej piekarnik do 175°C (350°F). Nasmaruj tłuszczem i mąką mini foremki na bochenek.
b) W średniej misce wymieszaj mąkę, sodę oczyszczoną i sól.
c) W dużej misce utrzyj masło z cukrem pudrem na jasną i puszystą masę.
d) Wbijaj jajka, jedno po drugim, następnie dodaj ekstrakt waniliowy i puree bananowe.
e) Stopniowo dodawaj suche składniki do mokrych, miksuj tylko do połączenia.
f) Włóż posiekane orzechy.
g) Rozłóż ciasto równomiernie pomiędzy przygotowanymi mini foremkami.
h) Piec w nagrzanym piekarniku przez 25-30 minut lub do momentu, aż wykałaczka wbita w środek będzie sucha.
i) Pozostaw bochenki do ostygnięcia w formie na 10 minut, a następnie przenieś je na metalową kratkę, aby całkowicie ostygły.

3. Mini Bochenki Chleba Czekoladowego Z Cukinią

SKŁADNIKI:
- 1 Mąkę o wszechstronnym przeznaczeniu
- 1/4 szklanki niesłodzonego kakao w proszku
- 1/2 łyżeczki sody oczyszczonej
- 1/4 łyżeczki proszku do pieczenia
- 1/4 łyżeczki soli
- 1/2 szklanki granulowanego cukru
- 1/4 szklanki brązowego cukru
- 1/4 szklanki oleju roślinnego
- 1 duże jajko
- 1 łyżeczka ekstraktu waniliowego
- 1 szklanka startej cukinii, wyciśniętej w celu usunięcia nadmiaru wilgoci
- 1/2 szklanki półsłodkich kawałków czekolady

INSTRUKCJE:
a) Rozgrzej piekarnik do 175°C (350°F). Nasmaruj tłuszczem i mąką mini foremki na bochenek.
b) W średniej misce wymieszaj mąkę, kakao w proszku, sodę oczyszczoną, proszek do pieczenia i sól.
c) W dużej misce wymieszaj granulowany cukier, brązowy cukier, olej roślinny, jajko i ekstrakt waniliowy, aż dobrze się połączą.
d) Stopniowo dodawaj suche składniki do mokrych, miksuj tylko do połączenia.
e) Dodać startą cukinię i kawałki czekolady.
f) Rozłóż ciasto równomiernie pomiędzy przygotowanymi mini foremkami.
g) Piec w nagrzanym piekarniku przez 25-30 minut lub do momentu, aż wykałaczka wbita w środek będzie sucha.
h) Pozostaw bochenki do ostygnięcia w formie na 10 minut, a następnie przenieś je na metalową kratkę, aby całkowicie ostygły.

4. Mini Jabłkowe Bochenki Cynamonowe

SKŁADNIKI:
- 1 Mąkę o wszechstronnym przeznaczeniu
- 1/2 łyżeczki proszku do pieczenia
- 1/4 łyżeczki sody oczyszczonej
- 1/4 łyżeczki soli
- 1 łyżeczka mielonego cynamonu
- 1/4 szklanki niesolonego masła, roztopionego
- 1/2 szklanki brązowego cukru pudru
- 1 duże jajko
- 1/2 szklanki niesłodzonego musu jabłkowego
- 1/2 łyżeczki ekstraktu waniliowego
- 1/2 szklanki pokrojonych w kostkę jabłek (obranych i wydrążonych)
- Opcjonalnie: posiekane orzechy lub rodzynki

INSTRUKCJE:
a) Rozgrzej piekarnik do 175°C (350°F). Nasmaruj tłuszczem i mąką mini foremki na bochenek.
b) W średniej misce wymieszaj mąkę, proszek do pieczenia, sodę oczyszczoną, sól i mielony cynamon.
c) W dużej misce wymieszaj roztopione masło i brązowy cukier, aż masa będzie gładka. Dodaj jajko, mus jabłkowy i ekstrakt wanlllowy i wymieszaj, aż dobrze się połączą.
d) Stopniowo dodawaj suche składniki do mokrych, miksuj tylko do połączenia.
e) Dodać pokrojone w kostkę jabłka i opcjonalnie posiekane orzechy lub rodzynki.
f) Rozłóż ciasto równomiernie pomiędzy przygotowanymi mini foremkami.
g) Piec w nagrzanym piekarniku przez 20-25 minut lub do momentu, aż wykałaczka wbita w środek będzie sucha.
h) Pozostaw bochenki do ostygnięcia w formie na 10 minut, a następnie przenieś je na metalową kratkę, aby całkowicie ostygły.

5.Mini Bochenki Ciasto Marchewkowe

SKŁADNIKI:
- 1 Mąkę o wszechstronnym przeznaczeniu
- 1/2 łyżeczki proszku do pieczenia
- 1/2 łyżeczki sody oczyszczonej
- 1/4 łyżeczki soli
- 1 łyżeczka mielonego cynamonu
- 1/2 szklanki granulowanego cukru
- 1/4 szklanki oleju roślinnego
- 1 duże jajko
- 1/2 łyżeczki ekstraktu waniliowego
- 1 szklanka drobno startej marchewki
- 1/4 szklanki zmiażdżonego ananasa, odsączonego
- 1/4 szklanki posiekanych orzechów (włoskich lub pekan)
- Lukier serkowy (opcjonalnie)

INSTRUKCJE:
a) Rozgrzej piekarnik do 175°C (350°F). Nasmaruj tłuszczem i mąką mini foremki na bochenek.
b) W średniej misce wymieszaj mąkę, proszek do pieczenia, sodę oczyszczoną, sól i mielony cynamon.
c) W dużej misce wymieszaj granulowany cukier, olej roślinny, jajko i ekstrakt waniliowy, aż dobrze się połączą.
d) Stopniowo dodawaj suche składniki do mokrych, miksuj tylko do połączenia.
e) Dodaj startą marchewkę, pokruszony ananas i posiekane orzechy.
f) Rozłóż ciasto równomiernie pomiędzy przygotowanymi mini foremkami.
g) Piec w nagrzanym piekarniku przez 20-25 minut lub do momentu, aż wykałaczka wbita w środek będzie sucha.
h) Pozostaw bochenki do ostygnięcia w formie na 10 minut, a następnie przenieś je na metalową kratkę, aby całkowicie ostygły.
i) Opcjonalnie przed podaniem schłodzone bochenki posmarowane polewą z serka śmietankowego.

6.Mini Bochenki Chleba Dyniowego

SKŁADNIKI:
- 1 1/2 szklanki mąki uniwersalnej
- 1 łyżeczka proszku do pieczenia
- 1/2 łyżeczki sody oczyszczonej
- 1/4 łyżeczki soli
- 1 łyżeczka mielonego cynamonu
- 1/2 łyżeczki mielonego imbiru
- 1/4 łyżeczki mielonej gałki muszkatołowej
- 1/4 łyżeczki zmielonych goździków
- 1/4 szklanki niesolonego masła, roztopionego
- 1/2 szklanki brązowego cukru pudru
- 1/2 szklanki puree z dyni konserwowej
- 1/4 szklanki mleka
- 1 duże jajko
- 1 łyżeczka ekstraktu waniliowego

INSTRUKCJE:
a) Rozgrzej piekarnik do 175°C (350°F). Nasmaruj tłuszczem i mąką mini foremki na bochenek.
b) W średniej misce wymieszaj mąkę, proszek do pieczenia, sodę oczyszczoną, sól i przyprawy (cynamon, imbir, gałka muszkatołowa, goździki).
c) W dużej misce wymieszaj roztopione masło i brązowy cukier, aż masa będzie gładka. Dodaj puree z dyni, mleko, jajko i ekstrakt waniliowy i wymieszaj, aż składniki się dobrze połączą.
d) Stopniowo dodawaj suche składniki do mokrych, miksuj tylko do połączenia.
e) Rozłóż ciasto równomiernie pomiędzy przygotowanymi mini foremkami.
f) Piec w nagrzanym piekarniku przez 20-25 minut lub do momentu, aż wykałaczka wbita w środek będzie sucha.
g) Pozostaw bochenki do ostygnięcia w formie na 10 minut, a następnie przenieś je na metalową kratkę, aby całkowicie ostygły.

MINI CIASTA

7.Mini Szarlotki

SKŁADNIKI:
- 2 średnie jabłka, obrane, wydrążone i pokrojone w kostkę
- 2 łyżki granulowanego cukru
- 1 łyżka mąki uniwersalnej
- 1/2 łyżeczki mielonego cynamonu
- 1/4 łyżeczki mielonej gałki muszkatołowej
- 1 łyżka soku z cytryny
- Ciasto na ciasto kupne lub domowe
- Płyn do jajek (1 jajko ubite z 1 łyżką wody)
- Gruby cukier do posypania (opcjonalnie)

INSTRUKCJE:
a) Rozgrzej piekarnik do 190°C (375°F). Nasmaruj tłuszczem formę na mini muffiny.
b) W misce wymieszaj pokrojone w kostkę jabłka, cukier granulowany, mąkę, cynamon, gałkę muszkatołową i sok z cytryny. Mieszaj, aż jabłka będą równomiernie pokryte.
c) Rozwałkuj ciasto na ciasto na lekko posypanej mąką powierzchni. Za pomocą okrągłej foremki lub szklanki wycinaj z ciasta krążki nieco większe niż wnęki foremek na mini muffinki.
d) Wciśnij każdy krąg ciasta w natłuszczone wnęki foremek na mini muffiny, tworząc małe skorupki.
e) Na każdy spód mini ciasta nałóż łyżką nadzienie jabłkowe, wypełniając je do góry.
f) W razie potrzeby wycinaj mniejsze kółka lub paski ciasta, aby utworzyć kratkę lub dekoracyjne blaty na mini ciasta.
g) Posmaruj wierzch mini placków rozmąconym jajkiem i posyp gruboziarnistym cukrem, jeśli go używasz.
h) Piec w nagrzanym piekarniku przez 18-20 minut lub do momentu, aż skórka będzie złocistobrązowa, a nadzienie będzie musujące.
i) Pozwól mini plackom ostygnąć w formie na muffiny przez kilka minut, a następnie przenieś je na metalową kratkę, aby całkowicie ostygły.

8. Mini ciasta dyniowe

SKŁADNIKI:

- 1 szklanka puree z dyni konserwowej
- 1/2 szklanki słodzonego skondensowanego mleka
- 1 duże jajko
- 1/2 łyżeczki mielonego cynamonu
- 1/4 łyżeczki mielonego imbiru
- 1/4 łyżeczki mielonej gałki muszkatołowej
- 1/4 łyżeczki soli
- Ciasto na ciasto kupne lub domowe
- Bita śmietana do podania (opcjonalnie)

INSTRUKCJE:

a) Rozgrzej piekarnik do 190°C (375°F). Nasmaruj tłuszczem formę na mini muffiny.
b) W misce wymieszaj puree z dyni, słodzone mleko skondensowane, jajko, cynamon, imbir, gałkę muszkatołową i sól, aż uzyskasz gładką i dobrze połączoną masę.
c) Rozwałkuj ciasto na ciasto na lekko posypanej mąką powierzchni. Za pomocą okrągłej foremki lub szklanki wycinaj z ciasta krążki nieco większe niż wnęki foremek na mini muffinki.
d) Wciśnij każdy krąg ciasta w natłuszczone wnęki foremek na mini muffiny, tworząc małe skorupki.
e) Na każdy spód ciasta nałóż łyżką nadzienie dyniowe, wypełniając je prawie do góry.
f) Piec w nagrzanym piekarniku przez 12-15 minut lub do momentu, aż skórka będzie złocistobrązowa, a nadzienie stwardnieje.
g) Pozwól mini plackom ostygnąć w formie na muffiny przez kilka minut, a następnie przenieś je na metalową kratkę, aby całkowicie ostygły.
h) Jeśli chcesz, mini placki dyniowe podawaj z bitą śmietaną.

9. Mini ciasta wiśniowe

SKŁADNIKI:

- 1 szklanka nadzienia do ciasta wiśniowego (kupnego lub domowego)
- Ciasto na ciasto kupne lub domowe
- Płyn do jajek (1 jajko ubite z 1 łyżką wody)
- Gruby cukier do posypania (opcjonalnie)

INSTRUKCJE:

a) Rozgrzej piekarnik do 190°C (375°F). Nasmaruj tłuszczem formę na mini muffinki.
b) Rozwałkuj ciasto na ciasto na lekko posypanej mąką powierzchni. Za pomocą okrągłej foremki lub szklanki wycinaj z ciasta krążki nieco większe niż wnęki foremek na mini muffinki.
c) Wciśnij każdy krąg ciasta w natłuszczone wnęki foremek na mini muffiny, tworząc małe skorupki.
d) Na każdy spód mini ciasta nałóż łyżką nadzienie z wiśniami, wypełniając je do góry.
e) W razie potrzeby wycinaj mniejsze kółka lub paski ciasta, aby utworzyć kratkę lub dekoracyjne blaty na mini ciasta.
f) Posmaruj wierzch mini placków rozmąconym jajkiem i posyp gruboziarnistym cukrem, jeśli go używasz.
g) Piec w nagrzanym piekarniku przez 18-20 minut lub do momentu, aż skórka będzie złocistobrązowa, a nadzienie będzie musujące.
h) Pozwól mini plackom ostygnąć w formie na muffiny przez kilka minut, a następnie przenieś je na metalową kratkę, aby całkowicie ostygły.

10. Mini ciasta jagodowe

SKŁADNIKI:

- 1 szklanka świeżych lub mrożonych jagód
- 2 łyżki granulowanego cukru
- 1 łyżka skrobi kukurydzianej
- 1/2 łyżeczki skórki cytrynowej
- 1 łyżeczka soku z cytryny
- Ciasto na ciasto kupne lub domowe
- Płyn do jajek (1 jajko ubite z 1 łyżką wody)
- Gruby cukier do posypania (opcjonalnie)

INSTRUKCJE:

a) Rozgrzej piekarnik do 190°C (375°F). Nasmaruj tłuszczem formę na mini muffinki.
b) W misce delikatnie wymieszaj jagody, cukier granulowany, skrobię kukurydzianą, skórkę cytrynową i sok z cytryny, aż dobrze się połączą.
c) Rozwałkuj ciasto na ciasto na lekko posypanej mąką powierzchni. Za pomocą okrągłej foremki lub szklanki wycinaj z ciasta krążki nieco większe niż wnęki foremek na mini muffinki.
d) Wciśnij każdy krąg ciasta w natłuszczone wnęki foremek na mini muffiny, tworząc małe skorupki.
e) Na każdy spód mini ciasta nałóż łyżką nadzienie jagodowe, wypełniając je do góry.
f) W razie potrzeby wycinaj mniejsze kółka lub paski ciasta, aby utworzyć kratkę lub dekoracyjne blaty na mini ciasta.
g) Posmaruj wierzch mini placków rozmąconym jajkiem i posyp gruboziarnistym cukrem, jeśli go używasz.
h) Piec w nagrzanym piekarniku przez 18-20 minut lub do momentu, aż skórka będzie złocistobrązowa, a nadzienie będzie musujące.
i) Pozwól mini plackom ostygnąć w formie na muffiny przez kilka minut, a następnie przenieś je na metalową kratkę, aby całkowicie ostygły.

11.Mini Kluczowe Ciasto Limonkowe

SKŁADNIKI:

- 1/2 szklanki soku z limonki
- 1 łyżeczka skórki z limonki
- 1 puszka (14 uncji) słodzonego skondensowanego mleka
- 2 duże żółtka
- Kupne w sklepie lub domowe ciasto na krakersy graham
- Bita śmietana do podania (opcjonalnie)

INSTRUKCJE:

a) Rozgrzej piekarnik do 175°C (350°F). Nasmaruj tłuszczem formę na mini muffinki.
b) W misce wymieszaj sok z limonki, skórkę z limonki, słodzone mleko skondensowane i żółtka, aż uzyskasz gładką i dobrze połączoną masę.
c) Rozwałkuj ciasto na spód krakersów graham na lekko posypanej mąką powierzchni. Za pomocą okrągłej foremki lub szklanki wycinaj z ciasta krążki nieco większe niż wnęki foremek na mini muffinki.
d) Wciśnij każdy krąg ciasta w natłuszczone wnęki foremek na mini muffiny, tworząc małe skorupki.
e) Łyżką nałóż nadzienie limonkowe na każdy spód mini ciasta, wypełniając je prawie do góry.
f) Piec w nagrzanym piekarniku przez 12-15 minut lub do momentu, aż nadzienie się zetnie.
g) Pozwól mini plackom ostygnąć w formie na muffiny przez kilka minut, a następnie przenieś je na metalową kratkę, aby całkowicie ostygły.
h) Przed podaniem schłodź mini ciasto z limonką w lodówce przez co najmniej 2 godziny.
i) Jeśli chcesz, schłodzone mini placuszki podawaj z bitą śmietaną.

12. Mini ciasta z kremem czekoladowym

SKŁADNIKI:

- 1 opakowanie (3,9 uncji) mieszanki błyskawicznego budyniu czekoladowego
- 1 1/2 szklanki zimnego mleka
- Ciasto na ciasto kupne lub domowe, pieczone i chłodzone
- Bita śmietana do podania
- wiórki czekoladowe do dekoracji (opcjonalnie)

INSTRUKCJE:

a) W misce miksującej wymieszaj budyń czekoladowy z zimnym mlekiem, aż zgęstnieje, około 2 minut.
b) Łyżeczką nałóż budyń czekoladowy na ostudzone ciasteczka, wypełniając je prawie do góry.
c) Schładzaj mini ciasta z kremem czekoladowym w lodówce przez co najmniej 1 godzinę lub do momentu, aż ciasto stwardnieje.
d) Przed podaniem udekoruj każde mini ciasto kleksem bitej śmietany i, jeśli chcesz, udekoruj wiórkami czekolady.

MINI CIASTA

13.Mini Biszkopt Wiktoria

SKŁADNIKI:
DO GĄBKI:
- 2 jajka
- 100 g (około 3,5 uncji) masła, miękkiego
- 100 g (około 3,5 uncji) cukru pudru
- 100 g (około 3,5 uncji) mąki samorosnącej
- ½ łyżeczki proszku do pieczenia
- ½ łyżeczki ekstraktu waniliowego

DO WYPEŁNIENIA:
- Dżem truskawkowy lub malinowy
- Bita śmietana

INSTRUKCJE:
a) Rozgrzej piekarnik do 180°C (350°F). Natłuść i wyłóż formę na mini babeczki lub tortownicę.
b) W misce miksującej utrzyj masło z cukrem na kremową masę. Dodawać po jednym jajku, dobrze miksując po każdym dodaniu. Wymieszaj ekstrakt waniliowy.
c) Przesiej mąkę samorosnącą z proszkiem do pieczenia i dodaj ją do masy.
d) Łyżką przełóż ciasto do mini tortownicy.
e) Piec około 12-15 minut lub do momentu, aż ciasta będą złociste i sprężyste w dotyku.
f) Po ostygnięciu przekrój każde mini ciasto poziomo na pół. Na jedną połowę posmaruj dżemem i bitą śmietaną, a na wierzch połóż drugą połowę.
g) Posypać cukrem pudrem i podawać.

14. Mini ciasto cytrynowe z polewą cytrynową

SKŁADNIKI:

- 2 jajka
- 100 g (około 3,5 uncji) masła, miękkiego
- 100 g (około 3,5 uncji) cukru pudru
- 100 g (około 3,5 uncji) mąki samorosnącej
- Skórka z 1 cytryny
- Sok z 1 cytryny
- 50 g (około 1,75 uncji) granulowanego cukru

INSTRUKCJE:

a) Rozgrzej piekarnik do 180°C (350°F). Natłuść i wyłóż formę na mini babeczki lub tortownicę.
b) W misie miksującej ubić masło z cukrem pudrem na kremową masę. Dodawać po jednym jajku, dobrze miksując po każdym dodaniu.
c) Przesiać samorosnącą mąkę i dodać skórkę z cytryny. Mieszaj, aż dobrze się połączą.
d) Łyżką przełóż ciasto do tortownicy i piecz przez około 12-15 minut lub do momentu, aż ciastka będą złociste.
e) Podczas gdy ciasta się pieczą, wymieszaj sok z cytryny i cukier granulowany, aby zrobić mżawkę.
f) Zaraz po wyjęciu ciastek z piekarnika nakłuj je widelcem lub wykałaczką i posyp je mieszanką cytrynowo-cukrową.
g) Przed podaniem pozwól ciastkom ostygnąć.

15. Mini Czekoladowe Eklery

SKŁADNIKI:

NA CIASTO CHUX:
- 150 ml (około 5 uncji) wody
- 60 g (około 2 uncji) masła
- 75 g (około 2,5 uncji) zwykłej mąki
- 2 duże jajka

DO WYPEŁNIENIA:
- 200 ml (około 7 uncji) śmietanki do ubijania
- Ganasz czekoladowy (z roztopionej czekolady i śmietanki)

INSTRUKCJE:

a) Rozgrzej piekarnik do 200°C (390°F). Blachę do pieczenia wyłóż papierem pergaminowym.
b) W rondlu podgrzej wodę z masłem, aż masło się rozpuści. Zdjąć z ognia i dodać mąkę. Mieszaj energicznie, aż utworzy się kula ciasta.
c) Pozostaw ciasto do lekkiego ostygnięcia, następnie dodawaj po jednym jajku, aż masa będzie gładka i błyszcząca.
d) Na blachę do pieczenia nakładaj łyżką lub wyciskaj ciasto parzone, tworząc małe eklery.
e) Piec przez około 15-20 minut lub do momentu, aż będą napuchnięte i złociste.
f) Po ostygnięciu każdy ekler przekrój poziomo na pół. Wypełnij bitą śmietaną i polej czekoladowym ganache.

16.Mini Kawowe Ciasto Orzechowe

SKŁADNIKI:
NA CIASTO:
- 2 jajka
- 100 g (około 3,5 uncji) masła, miękkiego
- 100 g (około 3,5 uncji) cukru pudru
- 100 g (około 3,5 uncji) mąki samorosnącej
- 1 łyżkę kawy rozpuszczalnej rozpuścić w 1 łyżce gorącej wody
- 50 g (około 1,75 uncji) posiekanych orzechów włoskich

NA lukier:
- 100 g (około 3,5 uncji) miękkiego masła
- 200 g (około 7 uncji) cukru pudru
- 1 łyżkę kawy rozpuszczalnej rozpuścić w 1 łyżce gorącej wody

INSTRUKCJE:
a) Rozgrzej piekarnik do 180°C (350°F). Natłuść i wyłóż formę na mini babeczki lub tortownicę.
b) W misie miksującej ubić masło z cukrem pudrem na kremową masę. Dodawać po jednym jajku, dobrze miksując po każdym dodaniu.
c) Przesiać samorosnącą mąkę i dodać rozpuszczoną kawę. Mieszaj, aż dobrze się połączą.
d) Wmieszać posiekane orzechy włoskie.
e) Łyżką przełóż ciasto do tortownicy i piecz przez około 12-15 minut lub do momentu, aż ciastka będą złociste.
f) Po ostygnięciu przygotuj lukier kawowy, ubijając miękkie masło, cukier puder i rozpuszczoną kawę.
g) Posmaruj miniciasteczka lodem i w razie potrzeby udekoruj dodatkowymi posiekanymi orzechami włoskimi.

17. Mini ciasta na podwieczorek

SKŁADNIKI:
DO CIASTECZEK HERBACIANYCH:
- 3 łyżki niesłodzonego kakao w proszku
- 1 łyżeczka sody oczyszczonej
- 1 Mąkę o wszechstronnym przeznaczeniu
- ½ szklanki gorącej wody
- 1 łyżeczka ekstraktu waniliowego
- 3 łyżki roztopionego, niesolonego masła
- ⅓ szklanki wiórków kokosowych
- 1 duże jajko
- ½ szklanki kwaśnej śmietany

DO SZKLIWIENIA:
- 1 łyżka niesolonego masła
- 1 szklanka przesianego cukru pudru
- 2 łyżki wody
- ¼ łyżeczki mielonego cynamonu
- ½ uncji niesłodzonej czekolady
- 1 łyżeczka ekstraktu waniliowego

INSTRUKCJE:
DO CIASTECZEK HERBACIANYCH:
a) Rozgrzej piekarnik do 190 stopni C (375 stopni F). Wyłóż dwanaście 2½-calowych foremek na muffinki papierowymi papilotkami.
b) W małej misce umieść kakao w proszku i wymieszaj z ½ szklanki bardzo gorącej wody z kranu, aby rozpuścić kakao.
c) W dużej misce wymieszaj roztopione masło i cukier. Ubijaj mikserem elektrycznym, aż dobrze się wymiesza.
d) Dodaj jajko i ubijaj, aż mieszanina stanie się jasna i kremowa, co powinno zająć około 1 do 2 minut.
e) Wlać rozpuszczoną masę kakaową i ubijać, aż ciasto będzie gładkie.
f) W osobnej małej misce wymieszaj śmietanę i sodę oczyszczoną. Wymieszaj to z mieszanką masła, cukru i kakao.
g) Dodaj mąkę uniwersalną i ekstrakt waniliowy i szybko ubijaj, aż składniki zostaną równomiernie wymieszane. Wmieszać wiórki kokosowe.
h) Łyżką nałóż ciasto do foremek na muffiny, dzieląc je równomiernie między sobą, wypełniając je do około trzech czwartych wysokości.
i) Piecz przez około 20 minut lub do momentu, aż wierzchołki herbatników odskoczą po lekkim dotknięciu, a wykałaczka wbita w środek będzie czysta.
j) Wyjmij ciastka z foremek na muffinki i pozostaw je na kratce do lekkiego ostygnięcia, a następnie przygotuj glazurę.

NA LAKIERĘ CZEKOLADOWĄ :
k) W małym rondlu wymieszaj masło z 2 łyżkami wody. Postaw na małym ogniu, dodaj niesłodzoną czekoladę i mieszaj, aż czekolada się rozpuści, a masa lekko zgęstnieje. Usuń go z ognia.
l) W małej misce wymieszaj przesiany cukier puder i mielony cynamon. Mieszaj roztopioną mieszaninę czekolady i ekstrakt waniliowy, aż uzyskasz gładką glazurę.
m) Na wierzch każdego ciepłego ciasta herbacianego nałóż około 2 łyżeczki polewy czekoladowej i poczekaj, aż dokładnie ostygną.
n) Te popołudniowe ciasteczka z polewą czekoladową o zapachu cynamonu stanowią wyśmienitą ucztę, którą można delektować się przy herbacie.

18. Mini ciasteczka marchewkowe

SKŁADNIKI:
NA CIASTO:
- 2 jajka
- 100 g (około 3,5 uncji) oleju roślinnego
- 125 g (około 4,5 uncji) brązowego cukru
- 150 g (około 5,3 uncji) startej marchwi
- 100 g (około 3,5 uncji) mąki samorosnącej
- ½ łyżeczki mielonego cynamonu
- ½ łyżeczki mielonej gałki muszkatołowej
- ½ łyżeczki ekstraktu waniliowego
- Garść rodzynek (opcjonalnie)

NA LUK Z SERKA KREMOWEGO:
- 100 g (około 3,5 uncji) serka śmietankowego
- 50 g (około 1,75 uncji) miękkiego masła
- 200 g (około 7 uncji) cukru pudru
- ½ łyżeczki ekstraktu waniliowego

INSTRUKCJE:
a) Rozgrzej piekarnik do 180°C (350°F). Natłuść i wyłóż formę na mini babeczki lub tortownicę.
b) W misce miksującej ubij jajka, olej roślinny i brązowy cukier, aż dobrze się połączą.
c) Wymieszaj startą marchewkę, samorosnącą mąkę, mielony cynamon, mieloną gałkę muszkatołową, ekstrakt waniliowy i rodzynki (jeśli używasz).
d) Łyżką nakładaj ciasto do tortownicy i piecz przez około 12-15 minut lub do momentu, aż ciastka będą twarde w dotyku, a wykałaczka po włożeniu będzie czysta.
e) Po ostygnięciu przygotuj lukier z serka śmietankowego, ubijając serek śmietankowy, miękkie masło, cukier puder i ekstrakt waniliowy.
f) Posmaruj mini placki marchewkowe kremem z serka śmietankowego.

19.Mini Torty Z Czerwonego Aksamitu

SKŁADNIKI:
NA CIASTO
- 2 jajka
- 100 g (około 3,5 uncji) masła, miękkiego
- 150 g (około 5,3 uncji) granulowanego cukru
- 150 g (około 5,3 uncji) mąki uniwersalnej
- 1 łyżka niesłodzonego kakao w proszku
- ½ łyżeczki sody oczyszczonej
- ½ łyżeczki białego octu
- ½ łyżeczki ekstraktu waniliowego
- Kilka kropli czerwonego barwnika spożywczego
- 125 ml (około 4,2 uncji) maślanki

NA LUK Z SERKA KREMOWEGO:
- 100 g (około 3,5 uncji) serka śmietankowego
- 50 g (około 1,75 uncji) miękkiego masła
- 200 g (około 7 uncji) cukru pudru
- ½ łyżeczki ekstraktu waniliowego

INSTRUKCJE:

a) Rozgrzej piekarnik do 180°C (350°F). Natłuść i wyłóż formę na mini babeczki lub tortownicę.
b) W misce miksującej ubić masło i cukier granulowany na kremową masę. Dodawać po jednym jajku, dobrze miksując po każdym dodaniu.
c) W osobnej misce wymieszaj mąkę i kakao.
d) W innej małej misce połącz maślankę, ekstrakt waniliowy i czerwony barwnik spożywczy.
e) Stopniowo dodawaj suche składniki i mieszaninę maślanki do mieszanki masła i cukru, naprzemiennie, zaczynając i kończąc na suchych składnikach.
f) W małej misce wymieszaj sodę oczyszczoną i biały ocet, aż zacznie musować, a następnie szybko włóż ją do ciasta.
g) Łyżką nakładaj ciasto do tortownicy i piecz przez około 12-15 minut lub do momentu, aż ciastka będą sprężyste w dotyku.
h) Po ostygnięciu przygotuj lukier z serka śmietankowego, ubijając serek śmietankowy, miękkie masło, cukier puder i ekstrakt waniliowy.
i) Posmaruj mini ciasteczka z czerwonego aksamitu lukrem z serka śmietankowego.

20.Tort z kremem ptysiowym i eklerami

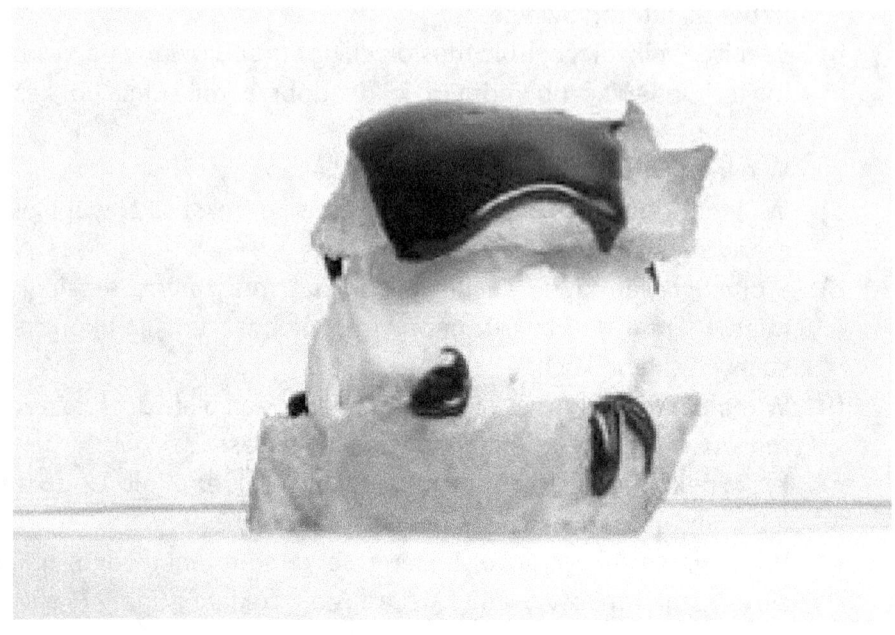

SKŁADNIKI:
- 1 szklanka letniej wody
- 4 łyżki (½ kostki) niesolonego masła, pokrojonego na kawałki
- 1 szklanka niebielonej mąki uniwersalnej lub mąki bezglutenowej
- 4 duże jajka w temperaturze pokojowej
- Mrożony krem ze słoną wanilią lub mrożony krem ze słonej koziej czekolady mlecznej
- Polewa czekoladowa (użyj 4 łyżek pełnego mleka)

INSTRUKCJE:
a) Rozgrzej piekarnik do 400°F.
b) Połączyć wodę i masło w średnio ciężkim rondlu i doprowadzić do wrzenia, mieszając, aby roztopić masło. Wsyp całą mąkę i mieszaj, aż mieszanina utworzy kulę.
c) Zdjąć z ognia i ubijać po jednym jajku za pomocą miksera elektrycznego.

DO KREMOWYCH PUFÓW
d) Nałóż sześć 4-calowych pojedynczych kopców ciasta na nienatłuszczoną blachę z ciasteczkami (w przypadku mniejszych ptysiów uformuj dwanaście 2-calowych kopców). Piec na złoty kolor, około 45 minut. Wyjąć z piekarnika i ostudzić.

DLA EKLARÓW
e) Załóż rękaw cukierniczy z gładką końcówką o średnicy ¼ cala i wytnij od sześciu do dwunastu 4-calowych pasków na nienatłuszczoną blachę z ciasteczkami. Piec na złoty kolor, około 45 minut. Wyjąć z piekarnika i ostudzić.

NA CIASTO PIERŚCIENIOWE
f) Upuść nawet łyżki ciasta na nienatłuszczoną blachę z ciasteczkami, aby uzyskać 12-calowy owal. Piec na złoty kolor, od 45 do 50 minut. Wyjąć z piekarnika i ostudzić.

ZŁOŻYĆ
g) Przygotuj glazurę. Ptysie, eklery lub tort piernikowy przekrój na pół. Wypełnij lodami i ponownie załóż wierzch.
h) W przypadku ptysiów z kremem zanurz wierzch każdego ptysia w czekoladzie. W przypadku eklerów obficie posmaruj je glazurą. Aby przygotować ciasto pierścieniowe, dodaj do glazury dodatkowe 5 łyżek mleka; posmaruj nią ciasto pierścieniowe.
i) Przed podaniem ułóż ciasta lub kawałki ciasta na talerzach.

MINI TARTY

21.Mini tarty z mieszanymi jagodami

SKŁADNIKI:
- 1 opakowanie (14 uncji) gotowego, schłodzonego ciasta na ciasto
- 1 szklanka mieszanych jagód (takich jak truskawki, jagody, maliny, jeżyny)
- 2 łyżki granulowanego cukru
- 1 łyżka skrobi kukurydzianej
- 1 łyżka soku z cytryny
- Bita śmietana lub lody waniliowe do podania (opcjonalnie)

INSTRUKCJE:
a) Rozgrzej piekarnik do 190°C (375°F). Lekko natłuść formę do mini muffinek.
b) Rozwałkuj ciasto na ciasto na lekko posypanej mąką powierzchni. Za pomocą okrągłej foremki lub szklanki wycinaj z ciasta krążki nieco większe niż wnęki foremek na mini muffinki.
c) Wciśnij każdy krążek ciasta w natłuszczone wgłębienia w foremki na mini muffinki, formując muszle mini tart.
d) W misce wymieszaj zmieszane jagody, cukier granulowany, skrobię kukurydzianą i sok z cytryny, aż jagody zostaną równomiernie pokryte.
e) Włóż mieszankę jagodową do każdej muszli mini tarty, wypełniając je prawie do samej góry.
f) Piec w nagrzanym pickarniku przez 12-15 minut lub do momentu, aż skórka będzie złotobrązowa, a jagody zaczną bulgotać.
g) Pozostaw mini tarty jagodowe do ostygnięcia w formie na muffinki na kilka minut, a następnie przenieś je na metalową kratkę, aby całkowicie ostygły.
h) Podawaj minitarty na ciepło lub w temperaturze pokojowej, z bitą śmietaną lub lodami waniliowymi, jeśli chcesz.

22.Mini tarty czekoladowo-orzechowe z masłem orzechowym

SKŁADNIKI:

- 1 opakowanie (14 uncji) gotowego, schłodzonego ciasta na ciasto
- 1/2 szklanki kremowego masła orzechowego
- 1/4 szklanki cukru pudru
- 4 uncje półsłodkiej czekolady, posiekanej
- 1/4 szklanki gęstej śmietanki
- Zmielone orzeszki ziemne do dekoracji (opcjonalnie)

INSTRUKCJE:

a) Rozgrzej piekarnik do 190°C (375°F). Lekko natłuść formę do mini muffinek.
b) Rozwałkuj ciasto na ciasto na lekko posypanej mąką powierzchni. Za pomocą okrągłej foremki lub szklanki wycinaj z ciasta krążki nieco większe niż wnęki foremek na mini muffinki.
c) Wciśnij każdy krążek ciasta w natłuszczone wgłębienia w foremki na mini muffinki, formując muszle mini tart.
d) W misce wymieszaj kremowe masło orzechowe i cukier puder, aż masa będzie gładka i dobrze połączona.
e) Do każdej mini tarty nałóż niewielką ilość mieszanki masła orzechowego, równomiernie rozprowadzając ją po dnie.
f) W małym rondlu podgrzej ciężką śmietankę na średnim ogniu, aż zacznie się gotować.
g) Do żaroodpornej miski włóż posiekaną czekoladę. Gorącą śmietanką zalać czekoladę i odstawić na 1-2 minuty.
h) Wymieszaj czekoladę i śmietanę, aż masa będzie gładka i błyszcząca i powstanie ganache.
i) Połóż łyżką czekoladowy ganache na warstwie masła orzechowego w każdej skorupce mini tarty, wypełniając je prawie do góry.
j) Pozwól, aby tarty czekoladowe z masłem orzechowym ostygły w formie na muffiny przez kilka minut, a następnie przenieś je na metalową kratkę, aby całkowicie wystygły.
k) W razie potrzeby posyp tartę pokruszonymi orzeszkami ziemnymi dla dekoracji.
l) Przed podaniem tarty należy schłodzić w lodówce przez co najmniej 30 minut.

23. Mini tarty owocowe

SKŁADNIKI:

- Gotowe muszelki do mini tart lub miseczki filo
- Różne świeże owoce
- 1 szklanka kremu lub kremu waniliowego do ciasta
- Cukier puder do posypania (opcjonalnie)
- Świeże liście mięty do dekoracji (opcjonalnie)

INSTRUKCJE:

a) Rozgrzej piekarnik do temperatury podanej na opakowaniu tarty lub w przepisie.

b) Jeśli używasz kubków filo, upiecz je zgodnie z instrukcją na opakowaniu i pozostaw do ostygnięcia.

c) Napełnij każdą muszlę tarty lub miseczkę filo łyżką kremu waniliowego lub kremu.

d) Ułóż świeże owoce na kremie, tworząc kolorową dekorację.

e) W razie potrzeby posyp cukrem pudrem i udekoruj listkami świeżej mięty.

f) Podawaj te wspaniałe mini tarty owocowe jako słodką i orzeźwiającą przekąskę.

24.Mini Tartaletki Cytrynowe

SKŁADNIKI:
NA TARTY:
- 1 ¼ szklanki mąki uniwersalnej
- ¼ szklanki cukru pudru
- ½ szklanki niesolonego masła, zimnego i pokrojonego w kostkę

NA NADZIENIE CYTRYNOWE:
- ¾ szklanki granulowanego cukru
- 2 łyżki skrobi kukurydzianej
- ¼ łyżeczki soli
- 3 duże jajka
- ½ szklanki świeżo wyciśniętego soku z cytryny
- Skórka z 2 cytryn
- ¼ szklanki niesolonego masła, pokrojonego w kostkę

INSTRUKCJE:

a) W robocie kuchennym wymieszaj mąkę i cukier puder. Dodaj zimne, pokrojone w kostkę masło i pulsuj, aż mieszanina będzie przypominać grube okruchy.

b) Wciśnij mieszaninę do foremek na mini tartaletki, równomiernie pokrywając spód i boki. Nakłuj spód widelcem.

c) Muszle tarty schłodzić w lodówce przez około 30 minut.

d) Rozgrzej piekarnik do 175°C (350°F).

e) Piec muszle tarty przez 12-15 minut lub do momentu, aż staną się złotobrązowe. Pozwól im całkowicie ostygnąć.

f) W rondelku wymieszaj cukier, skrobię kukurydzianą i sól. Stopniowo dodawaj jajka, sok z cytryny i skórkę z cytryny.

g) Gotuj mieszaninę na średnim ogniu, ciągle mieszając, aż zgęstnieje, około 5-7 minut.

h) Zdjąć z ognia i wymieszać z pokrojonym w kostkę masłem, aż będzie gładkie.

i) Wystudzone muszelki tart nadzieniem cytrynowym.

j) Przed podaniem przechowywać w lodówce co najmniej 1 godzinę. Opcjonalnie przed podaniem posypujemy cukrem pudrem.

k) Ciesz się swoimi mini tartalkami cytrynowymi!

25.Mini tartaletki czekoladowe z ganache

SKŁADNIKI:
NA TARTY:
- 1 ¼ szklanki mąki uniwersalnej
- ¼ szklanki kakao w proszku
- ¼ szklanki granulowanego cukru
- ½ szklanki niesolonego masła, zimnego i pokrojonego w kostkę

NA CZEKOLADOWY GANACHE:
- ½ szklanki gęstej śmietanki
- 6 uncji półsłodkiej czekolady, drobno posiekanej
- 1 łyżka niesolonego masła

INSTRUKCJE:
a) W robocie kuchennym wymieszaj mąkę, kakao i cukier. Dodaj zimne, pokrojone w kostkę masło i pulsuj, aż mieszanina będzie przypominać grube okruchy.
b) Wciśnij mieszaninę do foremek na mini tartaletki, równomiernie pokrywając spód i boki. Nakłuj spód widelcem.
c) Muszle tarty schłodzić w lodówce przez około 30 minut.
d) Rozgrzej piekarnik do 175°C (350°F).
e) Piec muszle tarty przez 12-15 minut lub do momentu, aż staną się lekko twarde. Pozwól im całkowicie ostygnąć.
f) W małym rondlu podgrzej ciężką śmietankę na średnim ogniu, aż zacznie się gotować.
g) Do żaroodpornej miski włóż posiekaną czekoladę i zalej ją gorącą śmietanką. Odstaw na minutę, a następnie wymieszaj, aż masa będzie gładka.
h) Mieszaj, mieszając, z łyżką masła, aż do całkowitego połączenia.
i) Wystudzone muszle tarty napełnij czekoladowym ganache.
j) Pozostaw ganache do ostygnięcia w temperaturze pokojowej na około 1 godzinę lub do momentu, aż ganache będzie twardy.

26. Mini tartaletki malinowo-migdałowe

SKŁADNIKI:
NA TARTY:
- 1 ¼ szklanki mąki uniwersalnej
- ¼ szklanki cukru pudru
- ½ szklanki niesolonego masła, zimnego i pokrojonego w kostkę

NA NADZIENIE MIGDAŁOWE:
- ½ szklanki mąki migdałowej
- ¼ szklanki granulowanego cukru
- ¼ szklanki niesolonego masła, miękkiego
- 1 duże jajko
- ½ łyżeczki ekstraktu migdałowego

DO MONTAŻU:
- Świeże maliny
- Krojone migdały

INSTRUKCJE:
PRZYGOTOWAĆ SKOMPLETY DO TART:
a) W misce wymieszaj mąkę uniwersalną z cukrem pudrem.
b) Do mąki dodać zimne, pokrojone w kostkę, niesolone masło.
c) Za pomocą noża do ciasta lub palców włóż masło do mąki, aż mieszanina będzie przypominać grube okruchy.

Uformować ciasto:
d) Stopniowo dodawaj zimną wodę do mąki i masła, po trochu i mieszaj, aż ciasto się połączy.
e) Z ciasta uformuj dysk, zawiń go w folię i włóż do lodówki na co najmniej 30 minut.
f) Rozgrzej piekarnik do 175°C (350°F).
g) Na posypanej mąką powierzchni rozwałkuj schłodzone ciasto na grubość około ⅛ cala.
h) Użyj okrągłej foremki lub szklanki, aby wyciąć koła, które są nieco większe niż foremki na mini tartaletki, których używasz.
i) Delikatnie wciskaj krążki ciasta w foremki na mini tartaletki, upewniając się, że równomiernie pokrywają spód i boki. Odetnij nadmiar ciasta.

j) W misce wymieszaj mąkę migdałową, cukier granulowany, miękkie, niesolone masło, jajko i ekstrakt migdałowy. Mieszaj, aż dobrze się połączą.

WYPEŁNIJ SKOMPLETY TARLETÓW:

k) Nałóż równomiernie nadzienie migdałowe do każdej skorupki tartaletki, wypełniając je mniej więcej do połowy.

l) Połóż świeże maliny na nadzieniu migdałowym w każdej skorupce tartaletki. Można je układać według własnego uznania, ale atrakcyjnie wygląda pokrycie powierzchni malinami.

PIEC TARLETKI:

m) Napełnione formy do tartaletek ułóż na blasze do pieczenia i piecz w nagrzanym piekarniku przez około 15-18 minut lub do momentu, aż nadzienie migdałowe stwardnieje, a brzegi tartaltek staną się złotobrązowe.

n) Pozwól, aby mini tartaletki malinowo-migdałowe lekko ostygły, a następnie wyjmij je z foremek.

o) Opcjonalnie posyp tartaletki plasterkami migdałów, aby dodać im chrupkości i dekoracji.

p) Podawaj tartaletki na ciepło lub w temperaturze pokojowej jako wspaniały deser lub przekąskę.

27.Mini pikantne tartaletki quiche Lorraine

SKŁADNIKI:

NA TARTY:
- 1 ¼ szklanki mąki uniwersalnej
- ¼ szklanki niesolonego masła, zimnego i pokrojonego w kostkę
- ¼ łyżeczki soli
- ¼ szklanki wody z lodem

NA NADZIENIE QUICHE:
- 4 plasterki boczku, posiekane
- ½ szklanki startego sera Gruyere
- 2 duże jajka
- 1 szklanka gęstej śmietanki
- Sól i pieprz do smaku
- szczypta gałki muszkatołowej

INSTRUKCJE:

PRZYGOTOWAĆ SKOMPLETY DO TART:
a) W misce wymieszaj mąkę uniwersalną z solą.
b) Do mąki dodać zimne, pokrojone w kostkę, niesolone masło.
c) Za pomocą noża do ciasta lub palców włóż masło do mąki, aż mieszanina będzie przypominać grube okruchy.
d) Stopniowo, po trochu, dodawaj wodę z lodem i mieszaj, aż ciasto się połączy.
e) Z ciasta uformuj dysk, zawiń go w folię i włóż do lodówki na co najmniej 30 minut.
f) Rozgrzej piekarnik do 190°C (375°F).
g) Na posypanej mąką powierzchni rozwałkuj schłodzone ciasto na grubość około ⅛ cala.
h) Użyj okrągłej foremki lub szklanki, aby wyciąć koła, które są nieco większe niż foremki na mini tartaletki, których używasz.
i) Delikatnie wciskaj krążki ciasta w foremki na tartaletki, upewniając się, że równomiernie pokrywają spód i boki. Odetnij nadmiar ciasta.

PIEC W ŚLEPSZE SKORUPY TARTA:
j) Koperty tartaletek wyłóż papierem do pieczenia i wypełnij obciążnikami do ciasta lub suszoną fasolą, aby ciasto nie pęczniało podczas pieczenia.

k) Piec w nagrzanym piekarniku przez około 10-12 minut lub do momentu, aż brzegi muszelek tarty będą lekko złociste.
l) Zdejmij pergamin i obciążniki, następnie piecz przez kolejne 5-7 minut, aż spód będzie lekko złocisty.
m) Wyjmij skorupki tartaletek z piekarnika i odłóż je na bok, aby ostygły.

PRZYGOTUJ NADZIENIE QUICHE:
n) Na patelni podsmaż posiekany boczek na średnim ogniu, aż stanie się chrupiący. Usuń nadmiar tłuszczu.
o) Upieczone skorupki tartaletek równomiernie posyp tartym serem Gruyere i ugotowanym boczkiem.
p) W misce wymieszaj jajka, gęstą śmietanę, sól, pieprz i szczyptę gałki muszkatołowej, aż składniki się dobrze połączą.
q) Ostrożnie wylej masę jajeczną na ser i boczek w każdej skorupce tartaletki, wypełniając je do góry.

PIEC TARLETKI Z QUICHE:
r) Napełnione foremki do tartaletek ułóż na blasze do pieczenia i piecz w nagrzanym piekarniku przez około 20-25 minut lub do momentu, aż quiche stwardnieje i lekko nabrzmi.
s) Po upieczeniu tartaletki z quiche powinny mieć złocistobrązowy wierzch.
t) Pozwól tartletkom Mini Savory Quiche Lorraine ostygnąć przez kilka minut, a następnie ostrożnie wyjmij je z foremek na tartaletki.
u) Podawaj tartaletki z quiche na ciepło lub w temperaturze pokojowej jako pyszną przystawkę lub przekąskę.

CIASTO POPS I PIŁKI

28.Funfetti Ciasto Pops z konfetti

SKŁADNIKI:
NA CIASTO POPS:
- 1 opakowanie mieszanki na ciasto Funfetti
- 1/2 szklanki niesolonego masła, miękkiego
- 1/2 szklanki pełnego mleka
- 3 duże jajka
- 1/2 szklanki kolorowej posypki konfetti

DO POWŁOKI CUKIEROWEJ:
- 12 uncji roztopionego białego cukierka lub kawałków białej czekolady
- 2 łyżki oleju roślinnego lub tłuszczu piekarskiego
- Dodatkowe kolorowe posypki konfetti (do dekoracji)

DO MONTAŻU CIASTO POPS:
- Pałeczki do ciastek lub lizaki

INSTRUKCJE:
NA CIASTO POPS:
a) Rozgrzej piekarnik do temperatury podanej na opakowaniu mieszanki ciasta.
b) Nasmaruj tłuszczem i mąką formę do pieczenia lub wyłóż ją papierem pergaminowym.
c) W misce przygotuj ciasto funfetti zgodnie z instrukcją na opakowaniu, używając niesolonego masła, pełnego mleka i jajek.
d) Delikatnie włóż kolorowe konfetti do ciasta, aż zostaną równomiernie rozłożone.
e) Piecz ciasto w nagrzanym piekarniku, aż wykałaczka wbita w środek będzie sucha.
f) Pozwól ciastu całkowicie ostygnąć.
g) Aby złożyć ciasto pops:
h) Wystudzone ciasto pokruszyć rękoma lub w robocie kuchennym na drobne okruszki.
i) Z powstałej masy uformuj małe kulki wielkości mniej więcej piłki do ping-ponga i umieść je na wyłożonej pergaminem blasze do pieczenia.
j) Schłodź kulki ciasta w lodówce przez około 30 minut lub do momentu, aż będą twarde.

DO POWŁOKI CUKIEROWEJ:
k) W misce przeznaczonej do kuchenki mikrofalowej rozpuść białe cukierki lub kawałki białej czekolady z olejem roślinnym lub tłuszczem w krótkich odstępach czasu, mieszając pomiędzy nimi, aż masa będzie gładka.

SKOŃCZYĆ:
l) Zanurz czubek patyczka do ciasta w roztopionej polewie z cukierka i włóż go do środka schłodzonej kulki ciasta, mniej więcej w połowie.
m) Zanurz całą kulkę ciasta w roztopionej polewie z cukierka, upewniając się, że jest całkowicie pokryta.
n) Natychmiast posyp posypane ciasto kolorowymi posypkami konfetti, zanim polewa stwardnieje.
o) Postaw ciasto na patyku pionowo w bloku styropianowym lub stojaku na ciasto, aby powłoka z cukierka całkowicie stwardniała.

29.Klasyczne waniliowe ciasto na patyku

SKŁADNIKI:
NA CIASTO POPS:
- 1 opakowanie mieszanki ciast waniliowych
- 1/2 szklanki niesolonego masła, miękkiego
- 1/2 szklanki pełnego mleka
- 3 duże jajka

DO LUKRU:
- 1/2 szklanki niesolonego masła, miękkiego
- 2 szklanki cukru pudru
- 1 łyżeczka ekstraktu waniliowego
- 2 łyżki pełnego mleka

DO POWŁOKI CUKIEROWEJ:
- 12 uncji roztopionego białego cukierka lub kawałków białej czekolady
- Kolorowe posypki (opcjonalnie)

DO MONTAŻU CIASTO POPS:
- Pałeczki do ciastek lub lizaki

INSTRUKCJE:
NA CIASTO POPS:
a) Rozgrzej piekarnik do temperatury podanej na opakowaniu mieszanki ciasta.
b) Nasmaruj tłuszczem i mąką formę do pieczenia lub wyłóż ją papierem pergaminowym.
c) W misce przygotuj masę waniliową zgodnie z instrukcją na opakowaniu, używając niesolonego masła, pełnego mleka i jajek.
d) Piecz ciasto w nagrzanym piekarniku, aż wykałaczka wbita w środek będzie sucha.
e) Pozwól ciastu całkowicie ostygnąć.

DO LUKRU:
f) W osobnej misce ubijaj zmiękczone masło, aż będzie gładkie i kremowe.
g) Stopniowo dodawaj cukier puder, ekstrakt waniliowy i pełne mleko i kontynuuj ubijanie, aż lukier będzie gładki i łatwy do rozsmarowania.

MONTAŻ CIASTO POPS:

h) Wystudzone ciasto pokruszyć rękoma lub w robocie kuchennym na drobne okruchy.
i) Dodaj lukier do okruchów ciasta i mieszaj, aż składniki dobrze się połączą.
j) Z powstałej masy uformuj małe kulki wielkości mniej więcej piłki do ping-ponga i umieść je na wyłożonej pergaminem blasze do pieczenia.
k) Schłodź kulki ciasta w lodówce przez około 30 minut lub do momentu, aż będą twarde.

DO POWŁOKI CUKIEROWEJ:

l) Rozpuść białe cukierki lub kawałki białej czekolady zgodnie z instrukcją na opakowaniu, używając kuchenki mikrofalowej lub podwójnego bojlera.
m) Zanurz czubek patyczka do ciasta w roztopionej polewie z cukierka i włóż go do środka schłodzonej kulki ciasta, mniej więcej w połowie.
n) Zanurz cały tort w roztopionej polewie z cukierka, upewniając się, że jest całkowicie pokryty.
o) Dodaj kolorowe posypki (w razie potrzeby), gdy polewa jest jeszcze mokra.

SKOŃCZYĆ:

p) Postaw ciasto na patyku pionowo w bloku styropianowym lub stojaku na ciasto, aby powłoka z cukierka całkowicie stwardniała.

30. Czekoladowe Kulki Ciastkowe

SKŁADNIKI:
NA KULKI CIASTA:
- 1 opakowanie mieszanki na ciasto czekoladowe z krówkami
- 1/2 szklanki niesolonego masła, miękkiego
- 1/2 szklanki pełnego mleka
- 3 duże jajka

DO POWŁOKI CZEKOLADOWEJ:
- 12 uncji półsłodkich kawałków czekolady lub roztopionej ciemnej czekolady
- 2 łyżki oleju roślinnego lub tłuszczu piekarskiego
- Posypka czekoladowa lub pokruszone orzechy (opcjonalnie, do dekoracji)

DO MONTAŻU KULEK:
- Pałeczki do ciastek lub lizaki

INSTRUKCJE:
NA KULKI CIASTA:
a) Rozgrzej piekarnik do temperatury podanej na opakowaniu mieszanki ciasta.
b) Nasmaruj tłuszczem i mąką formę do pieczenia lub wyłóż ją papierem pergaminowym.
c) W misce przygotuj masę czekoladową z krówkami zgodnie z instrukcją na opakowaniu, używając niesolonego masła, pełnego mleka i jajek.
d) Piecz ciasto w nagrzanym piekarniku, aż wykałaczka wbita w środek będzie sucha.
e) Pozwól ciastu całkowicie ostygnąć.

MONTAŻ KULEK CIASTA:
f) Wystudzone ciasto pokruszyć rękoma lub w robocie kuchennym na drobne okruszki.
g) Z okruchów ciasta uformuj małe kulki wielkości mniej więcej piłki do ping-ponga i ułóż je na wyłożonej pergaminem blasze do pieczenia.
h) Schłodź kulki ciasta w lodówce przez około 30 minut lub do momentu, aż będą twarde.

DO POWŁOKI CZEKOLADOWEJ:
i) W misce przystosowanej do kuchenki mikrofalowej rozpuść półsłodkie kawałki czekolady lub gorzką czekoladę z olejem roślinnym lub tłuszczem w krótkich odstępach czasu, mieszając pomiędzy nimi, aż masa będzie gładka.
j) Skończyć:
k) Zanurz czubek patyczka do ciasta w roztopionej czekoladzie i włóż go do środka schłodzonej kulki ciasta, mniej więcej w połowie.
l) Zanurz całą kulkę ciasta w roztopionej czekoladzie, upewniając się, że jest całkowicie pokryta.
m) Udekoruj posypką czekoladową lub pokruszonymi orzechami (w razie potrzeby), gdy polewka jest jeszcze mokra.
n) Ustaw kulki z ciasta pionowo w bloku styropianowym lub stojaku na ciasta, aby polewa czekoladowa całkowicie stwardniała.

31. Cytrynowo Malinowe Ciasto Pops

SKŁADNIKI:
NA CIASTO POPS:
- 1 opakowanie mieszanki na ciasto cytrynowe
- 1/2 szklanki niesolonego masła, miękkiego
- 1/2 szklanki pełnego mleka
- 3 duże jajka
- Skórka z jednej cytryny

NA NADZIENIE MALINOWE:
- 1 szklanka świeżych malin
- 2 łyżki granulowanego cukru

DO POWŁOKI CUKIEROWEJ:
- 12 uncji roztopionego białego cukierka lub kawałków białej czekolady
- Żółty lub różowy barwnik spożywczy (opcjonalnie)
- Skórka cytrynowa (do dekoracji, opcjonalnie)

DO MONTAŻU CIASTO POPS:
- Pałeczki do ciastek lub lizaki

INSTRUKCJE:
NA CIASTO POPS:
a) Rozgrzej piekarnik do temperatury podanej na opakowaniu mieszanki ciasta.
b) Nasmaruj tłuszczem i mąką formę do pieczenia lub wyłóż ją papierem pergaminowym.
c) W misce przygotuj ciasto cytrynowe zgodnie z instrukcją na opakowaniu, używając niesolonego masła, pełnego mleka, jajek i skórki cytrynowej.
d) Piecz ciasto w nagrzanym piekarniku, aż wykałaczka wbita w środek będzie sucha.
e) Pozwól ciastu całkowicie ostygnąć.

NA NADZIENIE MALINOWE:
f) W osobnej misce utrzyj świeże maliny z granulowanym cukrem, aż utworzą gładkie puree.

MONTAŻ CIASTO POPS:
g) Wystudzone ciasto pokruszyć rękoma lub w robocie kuchennym na drobne okruchy.

h) Wmieszaj puree malinowe do okruchów ciasta, aż składniki dobrze się połączą.
i) Z powstałej masy uformuj małe kulki wielkości mniej więcej piłki do ping-ponga i umieść je na wyłożonej pergaminem blasze do pieczenia.
j) Schłodź kulki ciasta w lodówce przez około 30 minut lub do momentu, aż będą twarde.

DO POWŁOKI CUKIEROWEJ:
k) Rozpuść białe cukierki lub kawałki białej czekolady zgodnie z instrukcją na opakowaniu, używając kuchenki mikrofalowej lub podwójnego bojlera.
l) Opcjonalnie dodaj kilka kropli żółtego lub różowego barwnika spożywczego do roztopionej polewy cukierkowej, aby uzyskać pastelowy odcień.
m) Zanurz czubek patyczka do ciasta w roztopionej polewie z cukierka i włóż go do środka schłodzonej kulki ciasta, mniej więcej w połowie.
n) Zanurz cały tort w roztopionej polewie z cukierka, upewniając się, że jest całkowicie pokryty.

SKOŃCZYĆ:
o) Opcjonalnie możesz udekorować każde ciasteczko odrobiną skórki z cytryny, aby uzyskać dodatkową porcję cytrynowego smaku.
p) Postaw ciasto na patyku pionowo w bloku styropianowym lub stojaku na ciasto, aby powłoka z cukierka całkowicie stwardniała.

32. Kuleczki z kremowego sernika Czerwony aksamit

SKŁADNIKI:

NA KULKI CIASTA:
- 1 opakowanie mieszanki na ciasto Czerwony aksamit
- 1/2 szklanki niesolonego masła, miękkiego
- 1/2 szklanki maślanki
- 3 duże jajka

NA LUK Z SERKA KREMOWEGO:
- 1 opakowanie (8 uncji) serka śmietankowego, zmiękczonego
- 1/4 szklanki niesolonego masła, miękkiego
- 3 szklanki cukru pudru
- 1 łyżeczka ekstraktu waniliowego

DO POWŁOKI CUKIEROWEJ:
- 12 uncji roztopionego białego cukierka lub kawałków białej czekolady
- Czerwony barwnik spożywczy w żelu (opcjonalnie)
- Okruchy ciasta z czerwonego aksamitu (do dekoracji, opcjonalnie)

DO MONTAŻU KULEK:
- Pałeczki do ciastek lub lizaki

INSTRUKCJE:

NA KULKI CIASTA:
a) Rozgrzej piekarnik do temperatury podanej na opakowaniu mieszanki ciasta.
b) Nasmaruj tłuszczem i mąką formę do pieczenia lub wyłóż ją papierem pergaminowym.
c) W misce przygotuj ciasto z czerwonego aksamitu zgodnie z instrukcją na opakowaniu, używając niesolonego masła, maślanki i jajek.
d) Piecz ciasto w nagrzanym piekarniku, aż wykałaczka wbita w środek będzie sucha.
e) Pozwól ciastu całkowicie ostygnąć.

NA LUK Z SERKA KREMOWEGO:
f) W osobnej misce ubijaj miękki ser śmietankowy i masło, aż masa będzie gładka i kremowa.
g) Stopniowo dodawaj cukier puder i ekstrakt waniliowy i kontynuuj ubijanie, aż lukier będzie gładki i łatwy do rozsmarowania.

MONTAŻ KULEK CIASTA:
h) Wystudzone ciasto pokruszyć rękoma lub w robocie kuchennym na drobne okruchy.
i) Wmieszaj kremowy lukier serowy do okruchów ciasta, aż dobrze się połączą.
j) Z powstałej masy uformuj małe kulki wielkości mniej więcej piłki do ping-ponga i umieść je na wyłożonej pergaminem blasze do pieczenia.
k) Schłodź kulki ciasta w lodówce przez około 30 minut lub do momentu, aż będą twarde.

DO POWŁOKI CUKIEROWEJ:
l) Rozpuść białe cukierki lub kawałki białej czekolady zgodnie z instrukcją na opakowaniu, używając kuchenki mikrofalowej lub podwójnego bojlera.
m) Opcjonalnie dodaj kilka kropli czerwonego barwnika spożywczego w żelu do roztopionej polewy cukierkowej, aby uzyskać żywy czerwony kolor.

SKOŃCZYĆ:
n) Zanurz czubek patyczka do ciasta w roztopionej polewie z cukierka i włóż go do środka schłodzonej kulki ciasta, mniej więcej w połowie.
o) Zanurz całą kulkę ciasta w roztopionej polewie z cukierka, upewniając się, że jest całkowicie pokryta.
p) Opcjonalnie możesz udekorować każdą kulkę ciasta odrobiną okruchów czerwonego aksamitu, aby uzyskać czarujący akcent.
q) Ustaw kulki ciasta pionowo w bloku styropianowym lub stojaku na ciasta, aby umożliwić całkowite stwardnienie powłoki cukierkowej.

33.Ciasteczka I Kremowe Ciasto Wyskakuje

SKŁADNIKI:
NA CIASTO POPS:
- 1 opakowanie mieszanki na ciasto czekoladowe
- 1/2 szklanki niesolonego masła, miękkiego
- 1/2 szklanki pełnego mleka
- 3 duże jajka
- 1 szklanka pokruszonych czekoladowych ciasteczek kanapkowych (takich jak Oreo)

DLA POWŁOKI Z BIAŁEJ CZEKOLADY:
- 12 uncji roztopionego białego cukierka lub kawałków białej czekolady
- 2 łyżki oleju roślinnego lub tłuszczu piekarskiego

DO MONTAŻU CIASTO POPS:
- Pałeczki do ciastek lub lizaki

INSTRUKCJE:
NA CIASTO POPS:
a) Rozgrzej piekarnik do temperatury podanej na opakowaniu mieszanki ciasta.
b) Nasmaruj tłuszczem i mąką formę do pieczenia lub wyłóż ją papierem pergaminowym.
c) W misce przygotuj masę czekoladową zgodnie z instrukcją na opakowaniu, używając niesolonego masła, pełnego mleka i jajek.
d) Włóż pokruszone czekoladowe ciasteczka kanapkowe do ciasta, aż dobrze się połączą.
e) Piecz ciasto w nagrzanym piekarniku, aż wykałaczka wbita w środek będzie sucha.
f) Pozwól ciastu całkowicie ostygnąć.

MONTAŻ CIASTO POPS:
g) Wystudzone ciasto pokruszyć rękoma lub w robocie kuchennym na drobne okruszki.
h) Z powstałej masy uformuj małe kulki wielkości mniej więcej piłki do ping-ponga i umieść je na wyłożonej pergaminem blasze do pieczenia.
i) Schłodź kulki ciasta w lodówce przez około 30 minut lub do momentu, aż będą twarde.

DLA POWŁOKI Z BIAŁEJ CZEKOLADY:

j) W misce przeznaczonej do kuchenki mikrofalowej rozpuść białe cukierki lub kawałki białej czekolady z olejem roślinnym lub tłuszczem w krótkich odstępach czasu, mieszając pomiędzy nimi, aż masa będzie gładka.

SKOŃCZYĆ:

k) Zanurz czubek patyczka do ciasta w roztopionej białej czekoladzie i włóż go do środka schłodzonej kulki ciasta, mniej więcej w połowie.

l) Zanurz całe ciasto w roztopionej białej czekoladzie, upewniając się, że jest całkowicie pokryta.

m) Opcjonalnie udekoruj ciasto pops dodatkowymi ciasteczkami kanapkowymi z pokruszoną czekoladą na wierzchu, gdy polewka jest jeszcze mokra.

n) Postaw ciasto na patyku pionowo w bloku styropianowym lub stojaku na ciasto, aby polewa z białej czekolady całkowicie stwardniała.

34. Kuleczki z Solonego Karmelu

SKŁADNIKI:
NA KULKI CIASTA:
- 1 opakowanie mieszanki do ciasta karmelowego
- 1/2 szklanki niesolonego masła, miękkiego
- 1/2 szklanki pełnego mleka
- 3 duże jajka

NA NADZIENIE SOLONY KARMEL:
- 1 szklanka kupionego w sklepie lub domowego sosu karmelowego
- 1/2 łyżeczki soli morskiej

DO POWŁOKI CUKIEROWEJ:
- 12 uncji cukierków o smaku karmelu topi się
- 2 łyżki oleju roślinnego lub tłuszczu piekarskiego
- Gruba sól morska (do dekoracji, opcjonalnie)

DO MONTAŻU KULEK:
- Pałeczki do ciastek lub lizaki

INSTRUKCJE:
NA KULKI CIASTA:
a) Rozgrzej piekarnik do temperatury podanej na opakowaniu mieszanki ciasta.
b) Nasmaruj tłuszczem i mąką formę do pieczenia lub wyłóż ją papierem pergaminowym.
c) W misce przygotuj ciasto karmelowe zgodnie z instrukcją na opakowaniu, używając niesolonego masła, pełnego mleka i jajek.
d) Piecz ciasto w nagrzanym piekarniku, aż wykałaczka wbita w środek będzie sucha.
e) Pozwól ciastu całkowicie ostygnąć.

NA NADZIENIE SOLONY KARMEL:
f) W osobnej misce wymieszaj sos karmelowy z solą morską, aż dobrze się połączą.

MONTAŻ KULEK CIASTA:
g) Wystudzone ciasto pokruszyć rękoma lub w robocie kuchennym na drobne okruchy.
h) Wymieszaj nadzienie solonego karmelu z okruszkami ciasta, aż dobrze się połączą.

i) Z powstałej masy uformuj małe kulki wielkości mniej więcej piłki do ping-ponga i umieść je na wyłożonej pergaminem blasze do pieczenia.
j) Schłodź kulki ciasta w lodówce przez około 30 minut lub do momentu, aż będą twarde.

DO POWŁOKI CUKIEROWEJ:
k) W misce przystosowanej do kuchenki mikrofalowej rozpuść w krótkich odstępach czasu cukierki o smaku karmelu lub kawałki czekolady o smaku karmelu z olejem roślinnym lub tłuszczem roślinnym, mieszając w międzyczasie, aż masa będzie gładka.
l) Skończyć:
m) Zanurz czubek patyczka do ciasta w roztopionej polewie z cukierka i włóż go do środka schłodzonej kulki ciasta, mniej więcej w połowie.
n) Zanurz całą kulkę ciasta w roztopionej polewie z cukierka, upewniając się, że jest całkowicie pokryta.
o) Opcjonalnie posyp każdą kulkę ciasta szczyptą grubej soli morskiej, aby uzyskać dodatkowy zastrzyk smaku.
p) Ustaw kulki ciasta pionowo w bloku styropianowym lub stojaku na ciasta, aby umożliwić całkowite stwardnienie powłoki cukierkowej.

35. Kuleczki z sernika truskawkowego

SKŁADNIKI:
NA KULKI CIASTA:
- 1 opakowanie mieszanki na ciasto truskawkowe
- 1/2 szklanki niesolonego masła, miękkiego
- 1/2 szklanki pełnego mleka
- 3 duże jajka

NA NADZIENIE SERNIKA:
- 1 opakowanie (8 uncji) serka śmietankowego, zmiękczonego
- 1/4 szklanki granulowanego cukru
- 1 łyżeczka ekstraktu waniliowego

DO POWŁOKI CUKIEROWEJ:
- 12 uncji roztopionego białego cukierka lub kawałków białej czekolady
- 2 łyżki oleju roślinnego lub tłuszczu piekarskiego

NA LAKIER TRUSKAWKOWY:
- 1 szklanka świeżych truskawek, posiekanych
- 1/4 szklanki granulowanego cukru
- 1 łyżka skrobi kukurydzianej
- 1 łyżka wody

DO MONTAŻU KULEK:
- Pałeczki do ciastek lub lizaki

INSTRUKCJE:
NA KULKI CIASTA:
a) Rozgrzej piekarnik do temperatury podanej na opakowaniu mieszanki ciasta.
b) Nasmaruj tłuszczem i mąką formę do pieczenia lub wyłóż ją papierem pergaminowym.
c) W misce przygotuj ciasto truskawkowe zgodnie z instrukcją na opakowaniu, używając niesolonego masła, pełnego mleka i jajek.
d) Piecz ciasto w nagrzanym piekarniku, aż wykałaczka wbita w środek będzie sucha.
e) Pozwól ciastu całkowicie ostygnąć.

NA NADZIENIE SERNIKA:

f) W osobnej misce ubijaj miękki serek śmietankowy, cukier granulowany i ekstrakt waniliowy, aż masa będzie gładka i kremowa.
g) Aby złożyć kulki ciasta:
h) Wystudzone ciasto pokruszyć rękoma lub w robocie kuchennym na drobne okruchy.
i) Wymieszaj nadzienie sernikowe z okruszkami ciasta, aż dobrze się połączą.
j) Z powstałej masy uformuj małe kulki wielkości mniej więcej piłki do ping-ponga i umieść je na wyłożonej pergaminem blasze do pieczenia.
k) Schłódź kulki ciasta w lodówce przez około 30 minut lub do momentu, aż będą twarde.

DO POWŁOKI CUKIEROWEJ:

l) W misce przeznaczonej do kuchenki mikrofalowej rozpuść białe cukierki lub kawałki białej czekolady z olejem roślinnym lub tłuszczem w krótkich odstępach czasu, mieszając pomiędzy nimi, aż masa będzie gładka.

NA LAKIER TRUSKAWKOWY :

m) W rondlu wymieszaj pokrojone truskawki, cukier granulowany, skrobię kukurydzianą i wodę.
n) Gotuj na średnim ogniu, ciągle mieszając, aż masa zgęstnieje, a truskawki rozpadną się na konsystencję przypominającą glazurę.
o) Zdejmij z ognia i poczekaj, aż lukier truskawkowy ostygnie.

SKOŃCZYĆ:

p) Zanurz czubek patyczka do ciasta w roztopionej polewie z cukierka i włóż go do środka schłodzonej kulki ciasta, mniej więcej w połowie.
q) Zanurz całą kulkę ciasta w roztopionej polewie z cukierka, upewniając się, że jest całkowicie pokryta.
r) Skrop każdą kulkę ciasta schłodzoną polewą truskawkową, aby uzyskać zachwycający finisz.
s) Ustaw kulki ciasta pionowo w bloku styropianowym lub stojaku na ciasta, aby umożliwić całkowite stwardnienie powłoki cukierkowej.

MINI KANAPKI

36.Mini Kanapki Caprese

SKŁADNIKI:

- 12 mini bułeczek typu slider lub bułek obiadowych
- 12 plasterków świeżego sera mozzarella
- 2 pomidory, pokrojone w plasterki
- Świeże liście bazylii
- Glazura balsamiczna
- Sól i pieprz do smaku

INSTRUKCJE:

a) Mini bułeczki lub bułki obiadowe przekrój poziomo na pół.
b) Na dolnej połowie każdej bułki ułóż plaster sera mozzarella, plaster pomidora i kilka liści bazylii.
c) Skropić polewą balsamiczną, doprawić solą i pieprzem.
d) Połóż górną połowę bułki na nadzieniu.
e) W razie potrzeby zabezpiecz mini kanapki wykałaczkami.
f) Podawaj i delektuj się orzeźwiającymi kanapkami Caprese.

37.Mini kanapki z sałatką z kurczakiem

SKŁADNIKI:
- 12 mini rogalików lub małych bułek
- 2 szklanki gotowanej piersi z kurczaka, posiekanej lub pokrojonej w kostkę
- ½ szklanki majonezu
- 1 łyżka musztardy Dijon
- ¼ szklanki selera, drobno posiekanego
- 2 zielone cebule, pokrojone w cienkie plasterki
- Sól i pieprz do smaku

INSTRUKCJE:

a) W misce wymieszaj posiekaną lub pokrojoną w kostkę pierś kurczaka, majonez, musztardę Dijon, seler i zieloną cebulę, aż dobrze się połączą.
b) Dopraw solą i pieprzem do smaku.
c) Mini rogaliki lub bułki przekrój poziomo na pół.
d) Nałóż dużą ilość sałatki z kurczakiem na dolną połowę każdego rogalika lub bułki.
e) Połóż górną połowę rogalika lub zawiń go w nadzienie.
f) W razie potrzeby zabezpiecz mini kanapki wykałaczkami.
g) Podawaj i ciesz się aromatycznymi kanapkami z sałatką z kurczakiem.

38.Mini kanapki z indykiem i żurawiną

SKŁADNIKI:
- 12 mini bułek obiadowych lub małych bułek
- 12 plasterków piersi z indyka
- ½ szklanki sosu żurawinowego
- Garść liści szpinaku baby lub rukoli
- ¼ szklanki serka śmietankowego
- Sól i pieprz do smaku

INSTRUKCJE:
a) Bułki obiadowe lub bułki przekrój poziomo na pół.
b) Na dolną połowę każdej bułki posmaruj serkiem śmietankowym.
c) Na serku śmietankowym ułóż pokrojoną w plasterki pierś z indyka, łyżkę sosu żurawinowego i kilka liści młodego szpinaku lub rukoli.
d) Dopraw solą i pieprzem do smaku.
e) Połóż górną połowę bułki na nadzieniu.
f) W razie potrzeby zabezpiecz mini kanapki wykałaczkami.

39.Mini Suwaki z Szynką I Serem

SKŁADNIKI:
- 12 mini bułeczek typu slider lub bułek obiadowych
- 12 plasterków szynki
- 12 plasterków sera (np. Cheddar, Swiss lub Provolone)
- 2 łyżki musztardy Dijon
- 2 łyżki majonezu
- 2 łyżki masła, roztopionego
- ½ łyżeczki czosnku w proszku
- ½ łyżeczki maku (opcjonalnie)

INSTRUKCJE:
a) Rozgrzej piekarnik do 175°C (350°F).
b) Przekrój bułki lub bułki obiadowe poziomo na pół.
c) Na dolnej połowie każdej bułki posmaruj musztardą Dijon, a górną posmaruj majonezem.
d) Na dolnej połowie każdej bułki ułóż plasterki szynki i sera.
e) Połóż górną połowę bułki na nadzieniu, tworząc kanapki.
f) Umieść kanapki w naczyniu do pieczenia.
g) W małej misce wymieszaj roztopione masło z proszkiem czosnku. Posmaruj powstałą mieszanką wierzch kanapek.
h) W razie potrzeby posyp kanapki makiem.
i) Przykryj naczynie do pieczenia folią i piecz przez 10-15 minut lub do momentu, aż ser się roztopi, a bułki lekko się zarumienią.
j) Podawaj te ciepłe i tandetne suwaki z szynką i serem.

40.Mini kanapki klubowe wegetariańskie

SKŁADNIKI:
- 12 kieszeni mini pita lub małych bułek
- ½ szklanki hummusu
- 12 plasterków ogórka
- 12 plasterków pomidora
- 12 plasterków awokado
- Garść sałaty lub kiełków
- Sól i pieprz do smaku

INSTRUKCJE:
a) Kieszonki mini pita lub bułki przekrój poziomo na pół.
b) Rozsmaruj hummus na dolnej połowie każdej kieszeni lub bułki.
c) Na hummusie ułóż plasterki ogórka, plasterki pomidora, plasterki awokado i sałatę lub kiełki.
d) Dopraw solą i pieprzem do smaku.
e) Górną połowę kieszeni lub rolki połóż na nadzieniu.
f) W razie potrzeby zabezpiecz mini kanapki wykałaczkami.
g) Podawaj i ciesz się tymi aromatycznymi wegetariańskimi kanapkami klubowymi.

CIASTECZKA

41. Ciasteczka Precelowe I Karmelowe

SKŁADNIKI:

- 1 opakowanie mieszanki na ciasto czekoladowe (normalny rozmiar)
- 1/2 szklanki roztopionego masła
- 2 duże jajka, temperatura pokojowa
- 1 szklanka połamanych miniaturowych precli, podzielona
- 1 szklanka półsłodkich kawałków czekolady
- 2 łyżki posypki solony karmel

INSTRUKCJE:

a) Rozgrzej piekarnik do 350°. Połącz mieszankę ciasta, roztopione masło i jajka; ubijaj, aż się zmiksuje. Wymieszaj 1/2 szklanki precli, kawałki czekolady i polewę karmelową.

b) Nakładać zaokrąglonymi łyżkami w odstępie 2 cali na natłuszczoną blachę do pieczenia. Lekko spłaszczyć dnem szklanki; Na wierzchu każdego z nich dociśnij pozostałe precle. Piec 8-10 minut lub do momentu, aż ciasto się zetnie.

c) Studzimy na patelniach 2 minuty. Wyjąć na kratkę do całkowitego wystygnięcia.

42. Ciastko Konopne Buckeye

SKŁADNIKI:
- 1 opakowanie mieszanki na ciasto czekoladowe (normalny rozmiar)
- 2 duże jajka, temperatura pokojowa
- 1/2 szklanki oleju
- 1 szklanka półsłodkich kawałków czekolady
- 1 szklanka kremowego masła orzechowego
- 1/2 szklanki cukru pudru

INSTRUKCJE:
a) Rozgrzej piekarnik do 350°.
b) W dużej misce wymieszaj masę ciasta, jajka i olej, aż się połączą. Wymieszaj kawałki czekolady. Wciśnij połowę ciasta do foremki o średnicy 10 cali. patelni żeliwnej lub innej żaroodpornej.
c) Połącz masło orzechowe i cukier cukierniczy; rozsmarować na cieście na patelni.
d) Wciśnij pozostałe ciasto pomiędzy arkusze pergaminu w 10-calowy. koło; nałożyć na nadzienie.
e) Piec, aż po włożonej w środek wykałaczce wyjdzie wilgotny okruszek, 20-25 minut.

43.Ciasteczka kanapkowe z mieszanką ciast

SKŁADNIKI:
- 1 pudełko mieszanki na ciasto czekoladowe o wadze 18,25 uncji
- 1 jajko, temperatura pokojowa
- ½ szklanki masła
- 1 12-uncjowa waniliowa lukier waniliowy

INSTRUKCJE:
a) Rozgrzej piekarnik do 350°F.
b) Przykryj blachę z ciasteczkami warstwą pergaminu. Odłożyć na bok.
c) W dużej misce wymieszaj masę ciasta, jajko i masło. Użyj miksera elektrycznego, aby uzyskać gładkie, jednolite ciasto.
d) Z ciasta uformuj kulki o średnicy 1 cm i ułóż je na blasze. Każdą kulkę dociśnij łyżką, aby spłaszczyć. Piecz przez 10 minut.
e) Zanim włożysz warstwę lukru pomiędzy dwa ciasteczka, poczekaj, aż ciasteczka całkowicie ostygną.

44. Ciasteczka z granolą i czekoladą

SKŁADNIKI:
- 1 18,25-uncjowa mieszanka ciasta czekoladowego
- ¾ szklanki masła, miękkiego
- ½ szklanki brązowego cukru pudru
- 2 jajka
- 1 szklanka granoli
- 1 szklanka kawałków białej czekolady
- 1 szklanka suszonych wiśni

INSTRUKCJE:
a) Rozgrzej piekarnik do 375°F.
b) W dużej misce połącz mieszankę ciasta, masło, brązowy cukier i jajka i ubijaj, aż powstanie ciasto.
c) Wymieszać z granolą i kawałkami białej czekolady. Nakładać po łyżeczkach w odstępie około 2 cali na nienatłuszczoną blachę z ciasteczkami.
d) Piec przez 10–12 minut lub do momentu, aż ciasteczka będą jasnobrązowe na brzegach.
e) Studzimy na blasze przez 3 minuty, następnie wyjmujemy na metalową kratkę.

45.Pudełko na ciasteczka z cukrem

SKŁADNIKI:

- 1 18,25-uncjowa mieszanka ciasta z białą czekoladą
- ¾ szklanki masła
- 2 białka jaj
- 2 łyżki jasnej śmietanki

INSTRUKCJE:

a) Umieść mieszankę ciasta w dużej misce. Za pomocą blendera do ciasta lub dwóch widelców posiekaj masło, aż cząstki będą drobne.
b) Mieszaj białka i śmietanę, aż się wymieszają. Z ciasta uformuj kulę i przykryj.
c) Schładzaj przez co najmniej dwie godziny i aż 8 godzin w lodówce.
d) Rozgrzej piekarnik do 375°F.
e) Z ciasta uformuj kulki o średnicy 1 cala i ułóż je na nienatłuszczonych blachach z ciasteczkami. Spłaszcz do grubości ¼ cala dnem szklanki.
f) Piec przez 7–10 minut lub do momentu, aż brzegi ciastek staną się jasnobrązowe.
g) Studzimy na blasze przez 2 minuty, następnie wyjmujemy na metalową kratkę do całkowitego wystygnięcia.

46. Niemieckie ciasteczka w pudełku

SKŁADNIKI:

- 1 pudełko 18,25 uncji Niemiecka mieszanka ciasta czekoladowego
- 1 szklanka półsłodkich kawałków czekolady
- 1 szklanka płatków owsianych
- ½ szklanki oleju
- 2 jajka, lekko ubite
- ½ szklanki rodzynek
- 1 łyżeczka wanilii

INSTRUKCJE:

a) Rozgrzej piekarnik do 350°F.
b) Połącz wszystkie składniki. Dobrze wymieszaj, używając miksera elektrycznego ustawionego na niską prędkość. Jeśli pojawią się mączne okruszki, dodaj odrobinę wody.
c) Nakładać łyżkami ciasto na nienatłuszczoną blachę.
d) Piec przez 10 minut.
e) Całkowicie ostudzić przed wyjęciem ciasteczek z blachy i na talerz.

PTYSIE

47.Ptysie z kremem koktajlowym

SKŁADNIKI:
- ½ szklanki Masło
- 1 filiżanka Mąka
- 4 jajka
- 1 filiżanka Gotująca się woda
- 2 łyżki stołowe Masło
- 1 filiżanka Orzechy pekan, posiekane
- 1 ½ szklanki Kurczak, gotowany
- ¼ łyżeczki Sól
- 3 uncje serka śmietankowego
- ¼ szklanki majonez
- ¼ łyżeczki Skórka cytrynowa

INSTRUKCJE:

a) W rondelku połącz masło i wrzącą wodę. Dodaj mąkę i sól i gotuj przez około 2 minuty lub do momentu, aż utworzy się miękka kula. Dodawaj jajka, jedno po drugim, dobrze ubijając.

b) Nałóż łyżeczkę mieszanki na natłuszczoną blachę do pieczenia. Piec przez 20 - 22 minut w temperaturze 425 stopni. Ostudzić na stojaku.

c) Rozpuść masło na patelni; dodać orzechy pekan i smażyć na małym ogniu, aż zbrązowieją. Ostudzić i połączyć pozostałe składniki. Służy do wypełniania kremowych ptysiów.

d) Odetnij kawałek wierzchu ciasta francuskiego i wypełnij je nadzieniem z kurczaka. Wymień blaty.

48.Ptysie z kremem malinowym

SKŁADNIKI:
- 1 szklanka wody
- ½ szklanki niesolonego masła
- 1 Mąkę o wszechstronnym przeznaczeniu
- 4 duże jajka
- ¼ łyżeczki soli
- 1 szklanka gęstej śmietanki
- ½ szklanki dżemu malinowego

INSTRUKCJE:
a) Rozgrzej piekarnik do 220°C (425°F).
b) W rondlu zagotuj wodę, sól i masło.
c) Mieszaj mąkę, aż powstanie gładkie ciasto.
d) Zdjąć z ognia, lekko ostudzić.
e) Dodawaj jajka, jedno po drugim, dobrze mieszając po każdym.
f) Nakładać łyżką na blachę do pieczenia.
g) Piec 20-25 minut.
h) Ubijaj gęstą śmietanę, aż powstanie sztywna piana.
i) Ptysie przekrój na pół i wypełnij konfiturą malinową i bitą śmietaną.

49. Ptysie z kremem z orzechów laskowych i prażonych pianek marshmallow

SKŁADNIKI:
PRALINA Z ORZECHÓW LASKOWYCH:
- 100 g orzechów laskowych
- 30 g cukru kryształu
- 12 g wody

KREM DO CIASTA PRALINOWEGO:
- 142 g pełnego mleka
- 75 g pasty pralinowej
- 230 g gęstej śmietanki
- 50 g cukru kryształu
- 22 g skrobi kukurydzianej
- 45 g żółtek
- 45 g niesolonego masła o temperaturze pokojowej

Ciasteczka dla Choux:
- 180 g jasnego brązowego cukru
- 150 g mąki uniwersalnej
- 30 g mąki migdałowej
- 85 g niesolonego masła, pokrojonego na ¼-calowe kawałki

PÂTE À CHOUX:
- 250 g wody
- 125 g niesolonego masła o temperaturze pokojowej
- 2,5 g soli koszernej
- 138 g mąki uniwersalnej
- 250 do 275 g jajek

BEZ SZWAJCARSKA:
- 100 g białek jaj
- 150 g cukru kryształu

INSTRUKCJE:
PRALINA Z ORZECHÓW LASKOWYCH:
a) Rozgrzej piekarnik do 300°F. Blachę do pieczenia wyłóż papierem pergaminowym i upraż orzechy laskowe na bardzo lekko złoty kolor. Nie przesadzaj z tostami, ponieważ po karmelizowaniu będą nadal się gotować.
b) Pocieraj orzechy laskowe, aby usunąć ich skórkę.
c) Połącz cukier i wodę w małym rondlu ustawionym na średnim ogniu. Doprowadzić do wrzenia i gotować przez 1 minutę.
d) Dodaj ciepłe orzechy laskowe i mieszaj, aż zostaną równomiernie pokryte i karmelizowane.
e) Przenieś karmelizowane orzechy laskowe na pergaminową lub wyłożoną silpatem blachę do pieczenia, aby całkowicie ostygły.
f) Zmiksuj 80 g karmelizowanych orzechów laskowych, aż masa będzie przypominać mąkę kukurydzianą, następnie dodaj mleko i mieszaj, aż masa będzie gładka. Odłóż pozostałe 20 g karmelizowanych całych orzechów laskowych.

KREM DO CIASTA PRALINOWEGO:
g) Podgrzej mieszaninę mleka pralinowego i gęstej śmietany w rondlu na średnim ogniu, ciągle mieszając.
h) W małej misce wymieszaj cukier i skrobię kukurydzianą, dodaj żółtka i ubijaj, aż masa będzie jasna.
i) Powoli dodawaj ¼ mieszanki mlecznej do żółtek, następnie włóż z powrotem do rondla i gotuj, aż zgęstnieje.
j) Zdejmij z ognia, dodaj masło i przecedź przez sito o drobnych oczkach. Ostudzić, przykryć folią spożywczą i wstawić do lodówki na 2 godziny lub na noc.

Ciasteczka dla Choux:
k) W misie miksera stacjonarnego wymieszaj brązowy cukier, mąkę uniwersalną i mączkę migdałową.
l) Dodaj masło i mieszaj, aż się połączy, tworząc kruszonkę.
m) Rozwałkuj ciasto między pergaminem na grubość 1/16 cala. Zamrażaj, aż będzie zimno.

PÂTE À CHOUX:
n) Rozgrzej piekarnik do 375°F.

o) W rondlu wymieszaj wodę, masło i sól. Mieszaj, aż masło się rozpuści.
p) Mieszaj mąkę, aż ciasto zacznie odchodzić od boków i będzie błyszczące.
q) Ciasto przełożyć do miski miksera i miksować na niskich obrotach.
r) Stopniowo dodawaj jajka, aż ciasto zacznie odchodzić od boków, ale lekko będzie się kleiło.
s) Ciasto przełożyć do rękawa cukierniczego i wyciskać na papier do pieczenia lub pergamin, kierując się szablonem.
t) Połóż ciasteczka na wierzchu wydrążonego choux i lekko dociśnij, aby zabezpieczyć.
u) Piec w temperaturze 375°F, następnie zmniejsz do 350°F na 30-35 minut, a następnie 325°F na kolejne 10 minut.

BEZ SZWAJCARSKA:
v) Połącz białka z cukrem w misie miksera ustawionej nad gotującą się wodą. Ubijaj, aż osiągnie temperaturę 60°C.
w) Ubijaj na średnio-wysokiej prędkości przez 5-8 minut, aż utworzą się błyszczące i sztywne szczyty.

MONTAŻ:
x) Przekrój kremowe ptysie do ¾ wysokości.
y) Wyciśnij krem z ciasta pralinowego do ptysiów.
z) Wylej bezę szwajcarską na krem z ciasta.
aa) Delikatnie podgrzej bezę palnikiem butanowym.
bb) Załóż z powrotem górę ciasta.
cc) Wyciśnij na wierzch małą kropkę bezy i udekoruj całymi i przekrojonymi na pół karmelizowanymi orzechami laskowymi.
dd) Natychmiast podawaj.

50.Ptysie z kremem truskawkowym

SKŁADNIKI:
DLA CRAQUELINA:
- 150 g miękkiego masła
- 150 g cukru pudru
- 180g mąki
- ½ łyżeczki wanilii
- 1 łyżeczka różowego barwnika spożywczego

NA KREMOWE PUFY:
- 1 szklanka wody
- ½ szklanki masła, pokrojonego w kostkę
- 1 Mąkę o wszechstronnym przeznaczeniu
- 4 jajka

NA NADZIENIE KREMEM POMARAŃCZOWYM I TRUSKAWKĄ:
- ½ szklanki mleka
- ½ szklanki śmietanki
- 2 łyżki cukru
- 2 żółtka
- 2 łyżki cukru
- ½ szklanki pokrojonych w kostkę truskawek

INSTRUKCJE:
ZROB CRAQUELIN:
a) Masło i cukier utrzeć do białości. Dodaj esencję waniliową i różowy barwnik spożywczy. Dobrze wymieszaj. Dodać mąkę i wszystko połączyć. Rozwałkuj pastę na grubość 1 cala na blasze do pieczenia i zamrażaj na 30 minut. Po schłodzeniu wycinamy 3-calowe kółka.
b) Rozgrzej piekarnik do 200°C i wyłóż blachę do pieczenia papierem pergaminowym.

PRZYGOTOWAĆ ciasto na bułeczki:
c) Zagotuj wodę i masło. Zdjąć z ognia i dodać na raz całą mąkę. Energicznie mieszaj, aż uformuje się kula. Postaw rondelek na małym ogniu i gotuj przez 3-5 minut. Zdjąć z ognia i pozostawić do ostygnięcia.
d) Dodawać po jednym jajku, dobrze miksując po każdym dodaniu. Ciasto przełożyć do rękawa cukierniczego i wyciskać kulki na blaszce.
e) Piec 10 minut, następnie zmniejszyć temperaturę do 165°C i piec kolejne 20 minut, aż ciasto się zarumieni. Nie otwieraj drzwi piekarnika podczas pieczenia.
f) Kiedy bułki ostygną, przygotuj nadzienie: W misce utrzyj żółtka z cukrem. W rondelku zagotuj mleko i śmietanę, następnie dodaj wanilię. Powoli dodawaj mieszankę mleczną do masy żółtkowej, cały czas ubijając. Gotuj, aż na wierzchu zaczną pojawiać się bąbelki. Zdejmij z ognia, w razie potrzeby odcedź i pozostaw do ostygnięcia. Dodać skórkę pomarańczową i wymieszać z pokrojonymi w kostkę truskawkami.
g) Napełnij kremowe ptysie nadzieniem pomarańczowo-truskawkowym. Natychmiast podawaj. Ciesz się ptysiami z kremem truskawkowym!

51. Ptysie z kremem cytrynowym

SKŁADNIKI:
- 1 szklanka wody
- ½ szklanki niesolonego masła
- 1 Mąkę o wszechstronnym przeznaczeniu
- 4 duże jajka
- ¼ łyżeczki soli
- 1 szklanka lemon curd
- Cukier puder do posypania

INSTRUKCJE:
a) Rozgrzej piekarnik do 220°C (425°F).
b) W rondlu zagotuj wodę, sól i masło.
c) Mieszaj mąkę, aż powstanie gładkie ciasto.
d) Zdjąć z ognia, lekko ostudzić.
e) Dodawaj jajka, jedno po drugim, dobrze mieszając po każdym.
f) Nakładać łyżką na blachę do pieczenia.
g) Piec 20-25 minut.
h) Po ostygnięciu wypełnić lemon curdem.
i) Posyp cukrem pudrem.

52. Ptysie z kremem pralinowo-orzechowym

SKŁADNIKI:
- 1 szklanka wody
- ½ szklanki niesolonego masła
- 1 Mąkę o wszechstronnym przeznaczeniu
- 4 duże jajka
- ¼ łyżeczki soli
- 1 szklanka pasty pralinowej z orzechów laskowych
- ¼ szklanki posiekanych prażonych orzechów laskowych

INSTRUKCJE:
a) Rozgrzej piekarnik do 220°C (425°F).
b) W rondlu zagotuj wodę, sól i masło.
c) Mieszaj mąkę, aż powstanie gładkie ciasto.
d) Zdjąć z ognia, lekko ostudzić.
e) Dodawaj jajka, jedno po drugim, dobrze mieszając po każdym.
f) Rozwałkuj ciasto na małe krążki na blasze do pieczenia.
g) Piec 20-25 minut.
h) Wypełnij pastą pralinową z orzechów laskowych.
i) Posypać posiekanymi, prażonymi orzechami laskowymi.

53. Ptysie z kremem jagodowym

SKŁADNIKI:
- 1 szklanka wody
- ½ szklanki niesolonego masła
- 1 Mąkę o wszechstronnym przeznaczeniu
- 4 duże jajka
- ¼ łyżeczki soli
- 1 szklanka dżemu jagodowego
- Cukier puder do posypania

INSTRUKCJE:
a) Rozgrzej piekarnik do 220°C (425°F).
b) W rondlu zagotuj wodę, sól i masło.
c) Mieszaj mąkę, aż powstanie gładkie ciasto.
d) Zdjąć z ognia, lekko ostudzić.
e) Dodawaj jajka, jedno po drugim, dobrze mieszając po każdym.
f) Nakładać łyżką na blachę do pieczenia.
g) Piec 20-25 minut.
h) Napełnij ptysie konfiturą jagodową.
i) Posyp cukrem pudrem.

54. Ptysie z kremem kokosowym

SKŁADNIKI:

- 1 szklanka wody
- ½ szklanki niesolonego masła
- 1 Mąkę o wszechstronnym przeznaczeniu
- 4 duże jajka
- ¼ łyżeczki soli
- 1 szklanka kremu kokosowego
- Prażone płatki kokosowe do dekoracji

INSTRUKCJE:

a) Rozgrzej piekarnik do 220°C (425°F).
b) W rondlu zagotuj wodę, sól i masło.
c) Mieszaj mąkę, aż powstanie gładkie ciasto.
d) Zdjąć z ognia, lekko ostudzić.
e) Dodawaj jajka, jedno po drugim, dobrze mieszając po każdym.
f) Nakładać łyżką na blachę do pieczenia.
g) Piec 20-25 minut.
h) Napełnij ptysie kremem z ciasta kokosowego i udekoruj prażonymi płatkami kokosa.

55.Ptysie z kremem w sosie espresso

SKŁADNIKI:
DMUCHNIĘCIA:
- ½ szklanki wody
- ¼ szklanki solonego masła, pokrojonego
- ½ łyżeczki cukru granulowanego
- ¼ łyżeczki soli
- ½ szklanki mąki uniwersalnej
- 3 duże jajka, podzielone
- cukier puder, do posypania

KREM WANILIOWY Z MASKARPONEM:
- 1 (8-uncjowy) pojemnik serka mascarpone
- 1 filiżanka przekąski na budyń o smaku waniliowym
- 2 łyżki cukru pudru
- 1 łyżeczka ekstraktu waniliowego

SOS CZEKOLADOWO-ESPRESSO:
- 4 uncje posiekanej gorzkiej czekolady
- ½ szklanki gęstej śmietany do ubijania
- 2 łyżeczki zmielonych ziaren espresso

INSTRUKCJE:

a) Rozgrzej piekarnik do 400 stopni i wyłóż blachę do pieczenia papierem pergaminowym. Na pergaminie narysuj sześć kół o średnicy 2 ¼ cala, rozmieszczonych w odległości 2 cali od siebie. Odwróć papier na blasze do pieczenia i odłóż go na bok.

b) W rondlu wymieszaj wodę, masło, cukier granulowany i sól. Doprowadzić mieszaninę do wrzenia. Dodaj mąkę na raz i smaż, energicznie mieszając drewnianą łyżką, przez 2 minuty. Zdjąć z ognia i pozostawić do ostygnięcia na 5 minut. Dodawaj po 2 jajka, po każdym dobrze ubijając drewnianą łyżką.

c) Napełnij ciastem rękaw cukierniczy wyposażony w ½-calową zwykłą końcówkę ciasta. Wyciskaj ciasto spiralami na pergamin, zaczynając od krawędzi kółek i kierując się w stronę środka, stopniowo podnosząc torebkę. Posmaruj ciasto pozostałym ubitym jajkiem, lekko wygładzając jego powierzchnię.

d) Piec przez 25 do 30 minut lub do momentu, aż ptysie staną się złotobrązowe i twarde. Drewnianą wykałaczką zrób dziurki w każdym cieście, aby umożliwić ujście pary. Przełożyć je na metalową kratkę do ostygnięcia.

e) Przygotuj krem waniliowy z mascarpone: W średniej misce połącz serek mascarpone, kubek z budyniem waniliowym, cukier puder i ekstrakt waniliowy. Odłożyć na bok.

f) Przygotuj sos czekoladowo-espresso: Umieść czekoladę w małej żaroodpornej misce i odłóż na bok. Połącz ciężką śmietankę i ziarna espresso w misce, którą można używać w kuchence mikrofalowej. Kuchenkę mikrofalową na wysokim poziomie przez 1 minutę lub do momentu, aż zacznie wrzeć. Przecedź mieszaninę przez sito o drobnych oczkach umieszczone nad miską z czekoladą, aby usunąć pozostałości espresso.

g) Pozostaw mieszaninę czekolady i espresso na 1 minutę, a następnie wymieszaj ją, aż będzie gładka.

h) Ptysie z kremem przekrój w poprzek na pół. Na dolne połówki nałóż krem waniliowy i mascarpone. Wymień wierzchołki. Na wierzch wylej sos czekoladowo-espresso. W razie potrzeby przesiej je dodatkowym cukrem pudrem.

56.Ptysie z kremem Chai

SKŁADNIKI:
NA PASZTET A CHOUX
- 1 szklanka wody
- ½ szklanki masła, pokrojonego w kostkę
- ½ łyżeczki soli
- 1 łyżka cukru
- 1 szklanka mąki
- 4 jajka

DO NADZIENIA Z BITĄ ŚMIETANĄ CHAI
- 1 ½ szklanki gęstej śmietanki
- ¼ szklanki koncentratu chai
- ¾ szklanki kawałków białej czekolady, roztopionych
- Mielony cynamon

INSTRUKCJE:
NA PATE A CHOUX:
a) Rozgrzej piekarnik do 425°F.
b) Blachę do pieczenia wyłóż papierem pergaminowym i odłóż na bok. W średnim rondlu ustawionym na średnim ogniu wymieszaj wodę, masło, sól i cukier.
c) Gotuj, aż masło się roztopi, a mieszanina lekko wrze. Zdejmij mieszaninę z ognia i wymieszaj drewnianą łyżką z mąką. Umieść mieszaninę z powrotem na ogniu i kontynuuj mieszanie, aż mieszanina zacznie odchodzić od ścianek patelni i uformuje się kula.
d) Zdjąć z ognia i pozostawić mieszaninę do ostygnięcia na 4-5 minut. Mieszaj jajka, jedno po drugim. Mieszanka może pękać lub rozpadać się przy każdym dodaniu, ale powinna złączyć się ponownie przed dodaniem dodatkowego jajka. Ciasto powinno być lśniące i mieć gładką konsystencję.
e) Przenieś go do rękawa cukierniczego wyposażonego w dużą okrągłą końcówkę (np. łącznik) i wyciśnij na blachę do pieczenia w odstępach około 2 cali. Użyj niewielkiej ilości wody, aby wygładzić szczyty każdego kopca ciasta.
f) Piec przez 10 minut w temperaturze 120°C, następnie zmniejszyć temperaturę piekarnika do 100°C i piec przez 15-20 minut lub do

złotego koloru. Przed napełnieniem muszli poczekaj, aż całkowicie ostygną.

NA NADZIENIE Z BITĄ ŚMIETANĄ CHAI:

g) Przed rozpoczęciem upewnij się, że wszystko jest zimne, łącznie z miską miksera.
h) W mikserze wyposażonym w końcówkę do ubijania ubijaj ciężką śmietankę na średnio-wysokiej prędkości, aż powstanie sztywna piana. Wymieszaj koncentrat chai, aż się połączy.
i) Schłodź mieszaninę w lodówce, aż będzie potrzebna.

ZŁOŻYĆ:

j) Napełnij rękaw do wyciskania z dużą okrągłą końcówką (taki jak Wilton 12) nadzieniem z bitej śmietany chai.
k) Włóż końcówkę rękawa cukierniczego do dna schłodzonej muszli z kremem ptysiowym. Wlej napełnianie do schłodzonej muszli, aż zacznie lekko wyciekać.
l) Napełnione ptysie maczamy w roztopionej białej czekoladzie i posypujemy mielonym cynamonem. Cieszyć się!

57.Ptysie z kremem migdałowym

SKŁADNIKI:

- 1 szklanka wody
- ½ szklanki niesolonego masła
- 1 Mąkę o wszechstronnym przeznaczeniu
- 4 duże jajka
- ¼ łyżeczki soli
- 1 szklanka kremu migdałowego
- Migdały w plasterkach do dekoracji

INSTRUKCJE:

a) Rozgrzej piekarnik do 220°C (425°F).
b) W rondlu zagotuj wodę, sól i masło.
c) Mieszaj mąkę, aż powstanie gładkie ciasto.
d) Zdjąć z ognia, lekko ostudzić.
e) Dodawaj jajka, jedno po drugim, dobrze mieszając po każdym.
f) Rozwałkuj ciasto na małe krążki na blasze do pieczenia.
g) Piec 20-25 minut.
h) Napełnij ptysie kremem z ciasta migdałowego.
i) Udekoruj plasterkami migdałów.

EKLARY

58.Mini Czekoladowe Eklery

SKŁADNIKI:
- 1 arkusz ciasta francuskiego, rozmrożonego
- 1 szklanka pełnego mleka
- 2 łyżki niesolonego masła
- 2 łyżki mąki uniwersalnej
- 2 łyżki kakao w proszku
- 2 łyżki granulowanego cukru
- Szczypta soli
- 2 duże jajka
- 1 szklanka gęstej śmietanki
- 2 łyżki cukru pudru
- Ganasz czekoladowy lub roztopiona czekolada do posypania (opcjonalnie)

INSTRUKCJE:
a) Rozgrzej piekarnik do 400°F (200°C).
b) Rozwiń rozmrożony arkusz ciasta francuskiego i pokrój go na małe prostokąty o długości około 3 cali i szerokości 1 cala.
c) Prostokąty ciasta układamy na blaszce wyłożonej papierem do pieczenia.
d) W rondlu podgrzej mleko i masło na średnim ogniu, aż masło się rozpuści, a mieszanina zacznie wrzeć.
e) W osobnej misce wymieszaj mąkę, kakao, cukier granulowany i sól.
f) Stopniowo dodawaj suchą mieszankę do gotującego się mleka, ciągle mieszając, aż mieszanina zgęstnieje i zacznie odchodzić od ścianek garnka.
g) Zdejmij rondelek z ognia i pozwól mu lekko ostygnąć.
h) Wbijaj jajka, jedno po drugim, upewniając się, że każde jajko zostało całkowicie wchłonięte przed dodaniem kolejnego.
i) Przełożyć mieszaninę do rękawa cukierniczego z okrągłą końcówką.
j) Wylej masę na przygotowane prostokąty ciasta, tworząc linię biegnącą przez środek.
k) Piecz eklery w nagrzanym piekarniku przez 15-20 minut lub do momentu, aż będą złocistobrązowe i puszyste.
l) Wyjmij z piekarnika i pozwól im całkowicie ostygnąć.
m) W misie miksera ubić śmietankę z cukrem pudrem na sztywną pianę.
n) Ostudzone eklery przekrój poziomo na pół i wyciśnij lub łyżką bitą śmietanę na dolne połówki.
o) Połóż górne połówki eklerów z powrotem na kremie.
p) Opcjonalnie: Dla dodatkowej przyjemności polej ganache czekoladowym lub roztopioną czekoladą.
q) Podawaj te pyszne mini-czekoladowe eklery jako wyśmienitą przekąskę.

59. Ciastka I Kremowe Eklery

SKŁADNIKI:
NA CIASTO CHOUX:
- 1 szklanka wody
- ½ szklanki niesolonego masła
- 1 Mąkę o wszechstronnym przeznaczeniu
- ½ łyżeczki soli
- 1 łyżka cukru
- 4 duże jajka

NA NADZIENIE CIASTECZEK I KREMEM:
- 1 ½ szklanki gęstej śmietanki
- ¼ szklanki cukru pudru
- 1 łyżeczka ekstraktu waniliowego
- 10 czekoladowych ciasteczek kanapkowych, pokruszonych

NA CZEKOLADOWY GANACHE:
- 1 szklanka półsłodkich kawałków czekolady
- ½ szklanki gęstej śmietanki
- 2 łyżki niesolonego masła

INSTRUKCJE:
CIASTO CHOUX:
a) Rozgrzej piekarnik do 220°C (425°F). Blachę do pieczenia wyłóż papierem pergaminowym.
b) W rondlu ustawionym na średnim ogniu wymieszaj wodę, masło, sól i cukier. Doprowadzić do wrzenia.
c) Zdjąć z ognia i szybko wymieszać z mąką, aż powstanie ciasto.
d) Postaw patelnię na małym ogniu i smaż ciasto, ciągle mieszając, przez 1-2 minuty, aby wyschło.
e) Ciasto przełożyć do dużej miski do miksowania. Pozwól mu ostygnąć przez kilka minut.
f) Dodawać po jednym jajku, dobrze ubijać po każdym dodaniu, aż ciasto będzie gładkie i błyszczące.
g) Ciasto przełożyć do rękawa cukierniczego z dużą okrągłą końcówką. Wyciśnij 4-calowe paski na przygotowaną blachę do pieczenia.

h) Piec przez 15 minut w temperaturze 425°F, następnie zmniejszyć temperaturę do 375°F (190°C) i piec przez dodatkowe 20 minut lub do złotego koloru. Pozostawić do całkowitego ostygnięcia.

Ciasteczka i nadzienie kremowe:
i) W misce miksującej ubijaj ciężką śmietanę, aż utworzą się miękkie szczyty.
j) Dodać cukier puder i ekstrakt waniliowy. Kontynuuj ubijanie, aż utworzą się sztywne szczyty.
k) Delikatnie wymieszaj z pokruszonymi ciasteczkami czekoladowymi.

ROZPUSZCZONA CZEKOLADA:
l) Kawałki czekolady włóż do żaroodpornej miski.
m) W rondlu podgrzej gęstą śmietanę, aż zacznie się gotować.
n) Gorącą śmietanką zalać czekoladę i odstawić na minutę.
o) Mieszaj, aż masa będzie gładka, następnie dodaj masło i mieszaj, aż się rozpuści.

MONTAŻ:
p) Każdy schłodzony ekler przekrój poziomo na pół.
q) Na dolną połowę każdego eklera nałóż łyżką lub wyciśnij ciasteczka i kremowe nadzienie.
r) Na nadzieniu połóż górną połowę eklera.
s) Zanurz wierzch każdego eklera w czekoladowym ganache lub połóż ganache na wierzchu.
t) Pozwól ganache ostygnąć przez kilka minut.
u) Opcjonalnie posypujemy dodatkowo pokruszonymi ciasteczkami dla dekoracji.
v) Podawaj i delektuj się zachwycającym połączeniem kremowego nadzienia i bogatego czekoladowego ganache w każdym ciasteczkowo-kremowym eklerze!

60. Czekoladowe eklery z orzechami laskowymi

SKŁADNIKI:
NA CIASTO CHOUX:
- 1 szklanka wody
- ½ szklanki niesolonego masła
- 1 Mąkę o wszechstronnym przeznaczeniu
- 4 duże jajka

DO WYPEŁNIENIA:
- 2 szklanki kremu do ciasta
- ½ szklanki Nutelli (masło z orzechów laskowych)

NA CZEKOLADOWY GANACHE Z ORZECHAMI LASKOWYMI:
- 1 szklanka posiekanej ciemnej czekolady
- ½ szklanki gęstej śmietanki
- ¼ szklanki posiekanych orzechów laskowych (do dekoracji)

INSTRUKCJE:
CIASTO CHOUX:
a) W rondlu połącz wodę i masło. Doprowadzić do wrzenia.
b) Dodaj mąkę i energicznie mieszaj, aż mieszanina utworzy kulę. Zdjąć z ognia.
c) Pozwól ciastu lekko ostygnąć, następnie dodawaj po jednym jajku, dobrze mieszając po każdym dodaniu.
d) Ciasto przełożyć do rękawa cukierniczego i wycisnąć eklery na blachę do pieczenia.
e) Piec w piekarniku nagrzanym do 190°C przez 25-30 minut lub do złotego koloru.

POŻYWNY:
f) Gdy eklery ostygną, przekrój je poziomo na pół.
g) Wymieszaj Nutellę z kremem ciasta, aż składniki dobrze się połączą.
h) Napełnij każdy ekler nadzieniem czekoladowo-orzechowym za pomocą rękawa cukierniczego lub łyżki.

GANACHE Z CZEKOLADOWYM ORZECHEM LASKOWYM:
i) Podgrzej gęstą śmietanę w rondlu, aż zacznie się gotować.
j) Gorącą śmietaną zalać posiekaną gorzką czekoladę. Odstaw na minutę, a następnie wymieszaj, aż masa będzie gładka.
k) Zanurz wierzch każdego eklera w czekoladowym ganache z orzechów laskowych, tak aby równomiernie go pokrył.
l) Dla dekoracji posyp z wierzchu posiekanymi orzechami laskowymi.
m) Przed podaniem ganache należy pozostawić na około 15 minut.
n) Rozkoszuj się dekadenckimi eklerami czekoladowo-orzechowymi!

61. Pomarańczowy Eklery

SKŁADNIKI:
EKLERY:
- 3 łyżki maślanki 70% smarowidła na oleju roślinnym
- ¼ łyżeczki soli
- ¾ szklanki mąki uniwersalnej
- 2 jajka
- 1 białko jaja

KREM DO CIAST:
- ⅔ szklanki 1% mleka o niskiej zawartości tłuszczu
- 3 łyżki cukru
- 4 łyżeczki mąki uniwersalnej
- 2 łyżeczki skrobi kukurydzianej
- ⅛ łyżeczki soli
- 1 żółtko
- 1 łyżeczka 70% maślanki-oleju roślinnego do smarowania
- 2 łyżeczki startej skórki pomarańczowej
- 1 łyżeczka ekstraktu pomarańczowego
- ½ łyżeczki wanilii
- 12 szklanek mrożonej, beztłuszczowej, bezmlecznej, ubijanej polewy, rozmrożonej

POLEWĄ CZEKOLADOWĄ:
- ¼ szklanki niskotłuszczowego słodzonego mleka skondensowanego
- 2 łyżki niesłodzonego kakao w proszku
- 2-4 łyżeczki wody (w razie potrzeby)

INSTRUKCJE:
EKLERY:
a) W małym rondlu wymieszaj olej roślinny do smarowania, sól i ¾ szklanki wody. Doprowadzić do wrzenia. Zdjąć z ognia.
b) Dodaj mąkę na raz i szybko wymieszaj drewnianą łyżką, aż mieszanina połączy się w kulę.
c) Postaw rondelek na małym ogniu na 3-4 minuty do wystudzenia ciasta, cały czas mieszając drewnianą łyżką. Ciasto powinno być miękkie i nie lepkie.
d) Przenieś ciasto do robota kuchennego lub dużej miski wysokowydajnego miksera elektrycznego. Schłodzić przez 5 minut.
e) Dodawaj jajka i białka, jedno po drugim, miksując do uzyskania całkowicie gładkiej masy po każdym dodaniu.
f) Posmaruj blachę do pieczenia sprayem zapobiegającym przywieraniu. Dużą rękaw cukierniczy (bez końcówki) napełnij ciastem. Wyciśnij 8 eklerów, każdy o średnicy 1 cala i długości 4 cali, na blachę do pieczenia. Pozostawiamy je na co najmniej 10 minut do wyschnięcia.
g) Rozgrzej piekarnik do 375°F. Piec przez 35-40 minut lub do momentu, aż będzie złocisty i całkowicie ugotowany. Przenieść na kratkę do ostygnięcia.

KREM DO CIAST:
h) W małym rondlu wymieszaj mleko, cukier, mąkę, skrobię kukurydzianą i sól, aż się połączą.
i) Gotuj na średnim ogniu, ciągle mieszając, aż mieszanina zagotuje się i zgęstnieje przez 4-5 minut.
j) Zdjąć z ognia. W małej misce lekko ubij żółtko. Stopniowo dodawaj około ¼ szklanki gorącej mieszanki mlecznej.
k) Wymieszaj mieszaninę żółtek z powrotem z mieszaniną mleka na patelni. Ponownie postaw patelnię na średnim ogniu i mieszaj mieszaninę, aż zacznie się gotować przez około 30 sekund. Zdjąć z ognia.
l) Mieszaj z olejem roślinnym, skórką oraz ekstraktami z pomarańczy i wanilii, aż masa będzie gładka i rozpuszczona. Przełożyć do miski.

m) Dociśnij folię bezpośrednio do powierzchni. Ostudzić do temperatury pokojowej, następnie dokładnie schłodzić w lodówce, na około 2 godziny.
n) Dodać ubitą polewę. Przechowywać w lodówce do momentu gotowości do montażu.

MONTAŻ EKLARÓW:
o) Każdy ekler przekrój wzdłuż na pół.
p) Na każdy spód eklera nałóż około 3 łyżek kremu cukierniczego. Wymień blaty.

POLEWĄ CZEKOLADOWĄ:
q) W małym rondlu połącz mleko skondensowane i kakao.
r) Podgrzewaj na małym ogniu, ciągle mieszając, aż mieszanina zacznie bulgotać i zgęstnieje, 1-2 minuty.
s) Rozsmarować na wierzchu eklerów. Jeśli lukier jest zbyt gęsty, rozrzedź go 2-4 łyżeczkami wody.
t) Podawaj natychmiast i ciesz się pysznymi Éclairs à l'Orange!

62. Eklery z marakuji

SKŁADNIKI:
DLA ÉCLAIRÓW:
- ½ szklanki niesolonego masła
- 1 szklanka wody
- 1 Mąkę o wszechstronnym przeznaczeniu
- ¼ łyżeczki soli koszernej
- 4 jajka

NA KREM Z CIASTA MASKUJĄCEGO:
- 6 Marakuja (wyciśnięta)
- 5 żółtek jaj
- ⅓ szklanki skrobi kukurydzianej
- ¼ łyżeczki soli koszernej
- ⅔ szklanki granulowanego cukru
- 2 szklanki pełnego mleka
- 1 łyżka masła

INSTRUKCJE:
DLA ÉCLAIRS:
a) Rozgrzej piekarnik do 425°F.
b) W dużym garnku na kuchence zagotuj wodę i masło.
c) Dodajemy sól, a po jej rozpuszczeniu dodajemy mąkę, mieszając aż powstanie galaretowata kula.
d) Gorące ciasto przekładamy do miski miksującej i odstawiamy na 2 minuty do ostygnięcia.
e) Dodawaj po jednym jajku, mieszając aż do całkowitego połączenia.
f) Ciasto przełożyć do rękawa cukierniczego.
g) Na wyłożonej pergaminem blasze do pieczenia wyciskaj rurki ciasta o długości 3 cali.
h) Piec na złoty kolor, około 20-25 minut.
i) Pozostaw eklery do ostygnięcia, a następnie podziel je na pół, wkładając nadzienie pomiędzy połówki lub użyj rękawa cukierniczego, aby wycisnąć nadzienie do środka.

NA KREM Z CIASTA MASKUJĄCEGO:
j) Wyciśnij sok z marakui, starając się usunąć nasiona.
k) W misce wymieszaj żółtka, skrobię kukurydzianą, sól i cukier.
l) Stopniowo dodawaj gorące mleko do masy jajecznej, cały czas ubijając, aby zapobiec poceniu się masy.
m) Wlać mieszaninę z powrotem do rondla i podgrzewać na średnim ogniu, aż zgęstnieje jak budyń.
n) Zdjąć z ognia, dodać sok z marakui i masło do gorącego kremu do ciasta, mieszać aż do całkowitego połączenia.
o) Pozostaw krem do ciasta do ostygnięcia w temperaturze pokojowej, a następnie przechowuj w lodówce pod folią spożywczą na maksymalnie 3 dni.
p) Po złożeniu schłodzony krem przełóż do rękawa cukierniczego, pokrój ekler i wypełnij wnętrze kremem.

63.Pełnoziarniste owocowe eklery

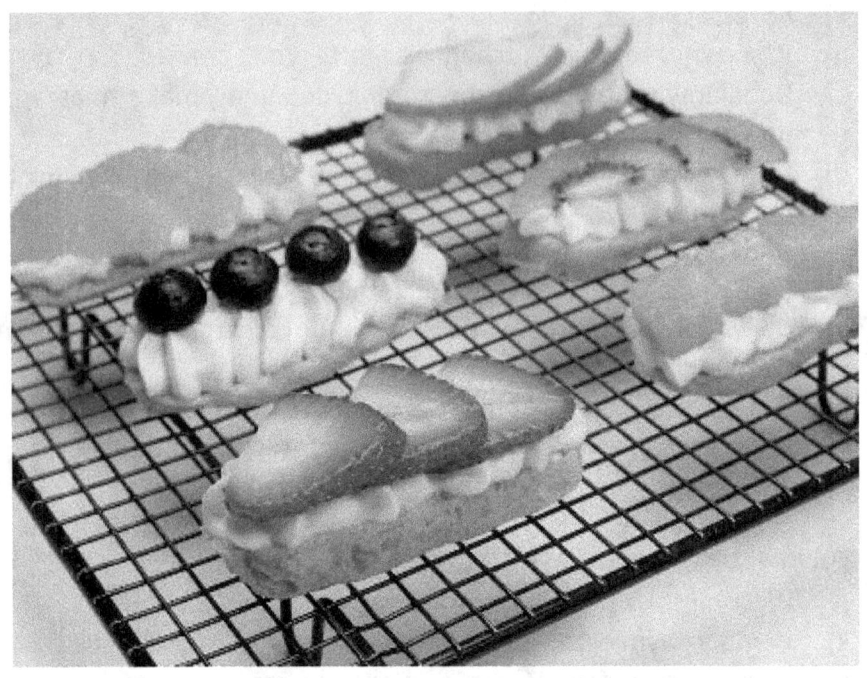

SKŁADNIKI:
CIASTO CHOUX:
- ½ szklanki wody
- ¼ szklanki niesolonego masła
- Szczypta soli
- ¼ szklanki mąki uniwersalnej
- ¼ szklanki mąki pełnoziarnistej
- 2 sztuki całe jajka

POŻYWNY:
- 1 szklanka odtłuszczonego mleka lub bezmlecznego mleka orzechowego
- 2 łyżki mieszanki cukru stewii
- 1 sztuka żółtko
- 2 łyżki skrobi kukurydzianej
- Szczypta soli
- 1 łyżeczka wanilii
- ½ szklanki śmietany do ubijania
- Świeże owoce do posypania

INSTRUKCJE:
a) Rozgrzej piekarnik do 190°F. Nasmaruj tłuszczem i wyłóż jedną blachę z ciasteczkami.
b) W rondlu wymieszaj wodę, masło i sól. Podgrzewaj, aż masło się rozpuści, a woda zagotuje. Obniż ciepło. Dodaj mąkę i energicznie mieszaj, aż mieszanina odejdzie od brzegów patelni. Zdjąć z ognia i lekko ostudzić. Z drewnianą łyżką; ubijaj jajka, jedno po drugim, aż masa będzie gładka.
c) Kontynuuj ubijanie, aż masa będzie bardzo gładka i błyszcząca. Przenieś mieszaninę do rękawa cukierniczego. Wytnij paski o długości około 3 cali i odległości 2 cali od siebie. Piec w temperaturze 375 F przez 30-45 minut; Kontynuuj pieczenie, aż eklery staną się brązowe i całkowicie suche. Studzimy na drucianych stojakach.

PRZYGOTOWAĆ NADZIENIE KREMOWE:
d) W rondlu wymieszaj cukier, skrobię kukurydzianą, sól, mleko i żółtka. Gotuj na średnim ogniu, ciągle mieszając, aż mieszanina zgęstnieje. Zdjąć z ognia. Wymieszać z wanilią. Przechowywać w lodówce do ostygnięcia.
e) Gdy krem ostygnie, ostrożnie dodaj do niego bitą śmietanę. Ułożyć na rękawie cukierniczym.

ZŁOŻYĆ:
f) Napełnij wypieki kremem i udekoruj świeżymi owocami.
g) Podawać.

64. Eklery z marakuji i malin

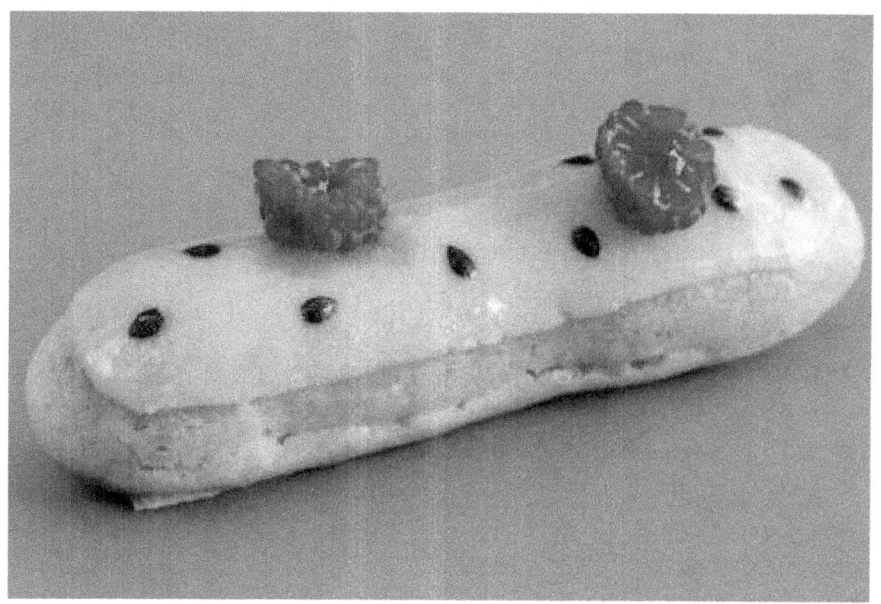

SKŁADNIKI:
DLA NEUTRALNEJ SZKLIWY:
- 125 g wody
- 5 g pektyny NH (1 łyżeczka)
- 30 g cukru granulowanego
- 100 g cukru granulowanego
- 8g Syropu glukozowego

NA KREM Z MARAKUCJI:
- 75 g soku z marakui (około 7 owoców)
- 10g soku z cytryny
- 1 g żelatyny
- 105 g jajek (~2)
- 85 g cukru granulowanego
- 155 g masła (temperatura pokojowa)

NA KONFIT MALINOWY:
- 60 g cukru granulowanego
- 4g pektyny (prawie łyżeczka)
- 90g Soku Malinowego
- 30g Syropu glukozowego
- 20g soku z cytryny

NA CIASTO CHOUX:
- 85g Mleka
- 85 g wody
- 1 szczypta soli
- 85 g Niesolonego masła
- 85g Mąki chlebowej
- 148 g jajek
- 3 g cukru
- 1 ekstrakt waniliowy

DEKORACJA:
- 100g Pasta migdałowa (zawierająca 50% migdałów)
- Barwienie na żółto (w razie potrzeby)
- Barwienie pomarańczowe (w razie potrzeby)
- Złoty brokat spożywczy (opcjonalnie)
- 20 Świeżych malin

INSTRUKCJE:
DLA NEUTRALNEJ SZKLIWY:
a) Zmieszaj 30 g cukru z pektyną.
b) W rondelku podgrzej wodę, dodaj cukier i pektynę, cały czas mieszając.
c) Dodać pozostały cukier i glukozę, ciągle mieszając, i doprowadzić do wrzenia.
d) Odcedź mieszaninę i przechowuj w lodówce przez co najmniej 24 godziny przed użyciem.

NA KREM Z MARAKUCJI:
e) Marakuję przekrój na dwie części, wyciśnij miąższ i odcedź, aby uzyskać sok.
f) Pozostaw żelatynę w soku z marakui na 5 minut.
g) Połącz sok z marakui, sok z cytryny, cukier i jajka w misce ustawionej nad gotującą się wodą, ubijając, aż zgęstnieje.
h) Szybko schłodź śmietankę do 45°C, następnie dwukrotnie dodaj pokrojone w kostkę masło, miksując blenderem zanurzeniowym. Przechowywać w lodówce w torbie do wyciskania.

NA KONFIT MALINOWY:
i) Wymieszaj i odcedź świeże maliny, aby usunąć nasiona (całkowita waga po tym kroku powinna wynosić 90g).
j) Zagotować sok malinowy, wymieszać cukier z pektyną, dodać do malin i doprowadzić do wrzenia. Przechowywać w lodówce do momentu użycia.

NA CIASTO CHOUX:
k) W rondelku zagotuj mleko, wodę, sól i masło. Upewnij się, że masło jest całkowicie roztopione.
l) Zdjąć z ognia, dodać mąkę, wymieszać i ponownie postawić patelnię na ogniu, ubijać, aż ciasto będzie odchodzić od boków i pozostawiać cienką warstwę na dnie.
m) Ciasto przełożyć do miski, ostudzić i dodawać po jednym jajku, aż ciasto będzie lśniące, ale twarde. Wyciskaj paski o długości 11 cm na natłuszczoną lub wyłożoną pergaminem blachę piekarnika.
n) Rozgrzej piekarnik do 250°C, wyłącz go i pozostaw blachę w środku na 12-16 minut. Włącz piekarnik na 160°C i piecz jeszcze 25-30 minut.

MONTAŻ ÉCLAIRÓW:

o) W dnie upieczonych eklerów czubkiem noża wykonaj trzy dziurki.

p) Napełnij eklery niewielką ilością konfitury malinowej, a następnie wypełnij je kremem z marakui.

q) Pastę migdałową połącz z barwnikiem do uzyskania ciepłego żółtego koloru, pokrój ją w kształt eklera.

r) Podgrzej 120 g neutralnej glazury, aż będzie płynna (nie więcej niż 40°C).

s) Posmaruj wierzch eklerów neutralną glazurą i nałóż na wierzch warstwę pasty migdałowej.

t) Do pozostałej glazury dodaj złoty brokat, posmaruj pastą migdałową, następnie dodaj pokrojone maliny i odrobinę pozostałej konfitury malinowej.

65. Eklery Cappuccino

SKŁADNIKI:
- 1 partia muszelek z ciasta eklerowego domowej roboty lub kupionych w sklepie
- 1 szklanka gęstej śmietanki
- 2 łyżki granulatu kawy rozpuszczalnej
- ¼ szklanki cukru pudru
- ½ łyżeczki ekstraktu waniliowego
- ¼ szklanki kakao (do posypania)

INSTRUKCJE:
a) Przygotować muszle z ciasta eklerowego zgodnie z przepisem lub instrukcją na opakowaniu i pozostawić do ostygnięcia.
b) W małej misce rozpuść granulki kawy rozpuszczalnej w kilku łyżkach gorącej wody. Pozwól mu ostygnąć.
c) W osobnej misce ubij śmietankę, cukier puder i ekstrakt waniliowy, aż masa będzie sztywna.
d) Delikatnie wymieszaj mieszankę kawową z ubitą śmietaną.
e) Każdą skorupkę eklera przekrój poziomo na pół i wypełnij bitą śmietaną o smaku kawowym.
f) Wierzch eklerów posyp kakao.
g) Podawaj i ciesz się domowymi eklerami cappuccino!

66.Eklery pistacjowo-cytrynowe

SKŁADNIKI:
DO KANDYZOWANYCH CYTRYN (OPCJONALNIE):
- 10 sunquatów (mini cytryn)
- 2 szklanki wody
- 2 szklanki cukru

NA PASTĘ PISTACJOWĄ:
- 60 g pistacji niełuskanych (nieprażonych)
- 10 g oleju z pestek winogron

NA KREM PISTACJOWO-CYTRYNOWY Z MOUSSELINE:
- 500 g mleka
- Skórka z 2 cytryn
- 120 g żółtka
- 120 g cukru
- 40 g skrobi kukurydzianej
- 30 g pasty pistacjowej (lub 45 g, jeśli kupiona w sklepie)
- 120 g miękkiego masła (pokrojonego w kostkę)

NA MARCEPAN PISTACJOWY:
- 200 g marcepanu
- 15 g pasty pistacjowej
- Zielony barwnik spożywczy (żel)
- Trochę cukru pudru

NA CIASTO CHUX:
- 125 g masła
- 125 g mleka
- 125 g wody
- 5 g cukru
- 5 gramów soli
- 140 g mąki
- 220 gramów jaj

DO SZKLIWIENIA:
- 200 g nappage neutre (neutralna galaretka)
- 100 gramów wody
- Zielony barwnik spożywczy (żel)

DO DEKORACJI:
- Zmielone pistacje

INSTRUKCJE:
KANDYZOWANE CYTRYNY (OPCJONALNIE):
a) Przygotuj łaźnię lodową (garnek z wodą i lodem) i odłóż ją na bok.
b) Za pomocą ostrego noża pokrój cienkie plasterki cytryny. Wyrzuć nasiona.
c) W innym rondlu zagotuj wodę. Zdjąć z ognia i natychmiast dodać plasterki cytryny do gorącej wody. Mieszać, aż plastry zmiękną (około minuty).
d) Gorącą wodę przelej przez sitko, następnie włóż na sekundę plasterki cytryny do łaźni lodowej. Za pomocą sitka wylej lodowatą wodę.
e) W dużym garnku na dużym ogniu wymieszaj wodę i cukier. Mieszaj, aż cukier się rozpuści, a następnie zagotuj.
f) Zmniejsz ogień do średniego i użyj szczypiec, aby umieścić plasterki cytryny w wodzie, aby unosiły się na wodzie. Gotuj na małym ogniu, aż skórka stanie się przezroczysta, około 1,5 godziny.
g) Wyjmij cytryny za pomocą szczypiec i umieść je na stojaku do studzenia. Umieść kawałek papieru do pieczenia pod kratką do studzenia, aby zebrać syrop, który kapie z plasterków cytryny.

PASTA PISTACJOWA:
h) Rozgrzej piekarnik do 160°C (320°F).
i) Piecz pistacje na blasze do pieczenia przez około 7 minut, aż lekko się zarumienią. Pozwól im ostygnąć.
j) Schłodzone pistacje zmiel na proszek w małym robocie kuchennym. Dodaj olej i ponownie zmiel, aż uzyskasz konsystencję pasty. Przechowywać w lodówce do czasu użycia.
k) Krem pistacjowo-cytrynowy z musem:
l) Doprowadzić mleko do wrzenia. Wyłącz ogień, dodaj skórkę z cytryny, przykryj i odstaw na 10 minut.
m) W misce wymieszaj żółtka i cukier. Natychmiast wymieszaj, następnie dodaj skrobię kukurydzianą i ponownie wymieszaj.
n) Podczas ubijania dodawaj ciepłe mleko. Przelej mieszaninę przez sito do czystego rondla, odrzucając pozostałą na sicie skórkę z cytryny.
o) Podgrzewaj na średnim ogniu i mieszaj, aż mieszanina zgęstnieje i stanie się kremowa. Zdjąć z ognia.

p) Krem przełożyć do miski z pastą pistacjową. Ubijaj, aż masa będzie jednolita. Przykryj folią spożywczą, aby zapobiec tworzeniu się skorupy i przechowuj w lodówce.
q) Gdy śmietanka osiągnie 40°C (104°F), stopniowo dodawaj miękkie masło i dobrze wymieszaj. Przykryj plastikową folią i przechowuj w lodówce.

CIASTO CHOUX:
r) Przesiej mąkę i odłóż ją na bok.
s) W rondelku dodaj masło, mleko, wodę, cukier i sól. Podgrzewaj na średnim ogniu, aż masło się roztopi i mieszanina zagotuje.
t) Zdjąć z ognia, natychmiast dodać całą mąkę i dobrze wymieszać, aż powstanie jednolita mieszanina przypominająca puree ziemniaczane. To jest mieszanka panade.
u) Suszyć panade przez około minutę na małym ogniu, mieszając szpatułką, aż zacznie odsuwać się od ścianek rondla i zastygnąć.
v) Przełóż panade do miski miksującej i lekko ostudź. W osobnej misce ubij jajka i stopniowo dodawaj je do miksera, czekając, aż każdy dodatek się połączy, zanim dodasz kolejne.
w) Mieszaj na niskiej-średniej prędkości, aż ciasto będzie gładkie, błyszczące i stabilne.
x) Rozgrzej piekarnik do 250°C (480°F). Blachę do pieczenia wyłóż papierem pergaminowym lub cienką warstwą masła.
y) Wyciskaj paski ciasta o długości 12 cm na blachę. Nie otwieraj drzwi piekarnika podczas pieczenia.
z) Po 15 minutach uchyl lekko drzwiczki piekarnika (około 1 cm), aby wypuścić parę. Zamknij je i ustaw temperaturę na 170°C (340°F). Piec 20-25 minut, aż eklery się zarumienią.
aa) Powtórz z pozostałym ciastem.

MARCEPAN PISTACJOWY:
bb) Marcepan pokroić w kostkę i ubijać płaską trzepaczką, aż będzie miękki i jednolity. Dodaj pastę pistacjową i zielony barwnik spożywczy (w razie potrzeby) i mieszaj, aż masa będzie jednolita.
cc) Marcepan rozwałkować na grubość 2 mm i pokroić w paski pasujące do eklerów.

MONTAŻ:
dd) Wytnij dwa małe otwory na spodzie każdego eklera.

ee) Przez otwory napełnij każdy ekler kremem pistacjowo-cytrynowym.
ff) Posmaruj glazurą jedną stronę każdego paska marcepanu i nałóż na eklery.
gg) Zanurzaj każdy ekler w glazurze, pozwalając, aby nadmiar glazury spłynął.
hh) Udekorować kandyzowanymi plasterkami cytryny lub posiekanymi pistacjami.
ii) Przechowywać w lodówce do momentu podania.

67. Klonowe glazurowane eklery z orzechami

SKŁADNIKI:
MUSZKI ECLAIR:
- ½ szklanki mleka
- ½ szklanki wody
- 2 łyżki białego granulowanego cukru
- ¼ łyżeczki soli (zredukuj do szczypty, jeśli używasz solonego masła)
- ½ szklanki niesolonego masła
- ½ łyżeczki ekstraktu waniliowego
- 1 ¼ szklanki mąki uniwersalnej, wymieszanej łyżką i wypoziomowanej
- 4 duże jajka

GLAZURA:
- ⅔ szklanki cukru pudru/cukru cukierniczego
- 3 łyżki syropu klonowego

BYCZY:
- ½ szklanki posiekanych orzechów włoskich lub pekan
- Posypanie solą fleur de sel

BITTA ŚMIETANA MASKARPONE:
- 1 szklanka mascarpone
- ⅔ szklanki gęstej śmietany do ubijania
- ¼ szklanki białego cukru
- 2 łyżki syropu klonowego

INSTRUKCJE:
DLA MUSZLI ECLAIR:
a) Rozgrzej piekarnik do 200°F z półkami w górnej i dolnej trzeciej części. Dwie blachy do pieczenia wyłóż papierem pergaminowym.

b) W średnim rondlu ustawionym na średnim ogniu połącz mleko, wodę, cukier, sól i masło. Doprowadź mieszaninę do wrzenia, dodaj wanilię i za jednym razem dodaj mąkę. Mieszaj, aż mieszanina zacznie odchodzić od ścianek garnka.

c) Zmniejsz ogień do małego i kontynuuj gotowanie, ciągle mieszając, przez około 3 minuty, aby usunąć wilgoć. Zdjąć z ognia i przenieść do miski miksującej lub miski miksera stojącego.

d) Mieszaj przez 2-3 minuty, aby ostudzić mieszaninę. Dodawaj jajka, jedno po drugim, dobrze ubijając po każdym dodaniu. Przenieść mieszaninę do worka cukierniczego i odstawić na 20 minut.
e) Wyciśnij ciasto na polana o długości około 5-6 cali i szerokości 1 cala, pozostawiając między nimi równą przestrzeń. Upewnij się, że nie są zbyt cienkie, ponieważ będą potrzebne do późniejszego krojenia.
f) Włóż do nagrzanego piekarnika i NATYCHMIAST ZMNIEJSZ TEMPERATURę DO 350°F. Piec przez 35-40 minut, aż będą złociste, puszyste i chrupiące. Studzimy na stojaku.

DO SZKLIWIENIA:
g) Przed glazurowaniem przetnij eklery prawie na wskroś, zostawiając „zawias" po jednej stronie. W małej misce wymieszaj cukier puder z syropem klonowym, aż powstanie cienka lukier.
h) Posmaruj eklerem polewą i natychmiast posyp posiekanymi orzechami włoskimi i szczyptą soli, jeśli to konieczne. Pozostawić w temperaturze pokojowej, aż glazura stwardnieje.

DO WYPEŁNIENIA:
i) W dużej misce lub misce miksera wyposażonego w trzepaczkę wymieszaj mascarpone, śmietankę, cukier i syrop klonowy.
j) Ubijaj, aż mieszanina zgęstnieje do konsystencji śmietany. Włóż do rękawa cukierniczego i napełnij każdy ekler. (Napełnianie można przygotować wcześniej, przykryć, schłodzić i podać rurą bliżej podania).
k) Nadziewane eklery można przechowywać w lodówce przez większą część dnia bez przykrycia.

ROGALIKI

68.Mini Rogaliki Migdałowe

SKŁADNIKI:

- 6 mini rogalików
- ½ szklanki pasty migdałowej
- ¼ szklanki niesolonego masła, miękkiego
- ¼ szklanki cukru pudru
- ½ łyżeczki ekstraktu migdałowego
- Posiekane migdały do posypania
- Cukier puder do posypania (opcjonalnie)

INSTRUKCJE:

a) Rozgrzej piekarnik do 175°C (350°F).
b) Mini croissanty przekrój wzdłuż na pół.
c) W misce wymieszaj pastę migdałową, miękkie masło, cukier puder i ekstrakt migdałowy, aż dobrze się połączą i uzyskają gładką masę.
d) Nałóż dużą ilość pasty migdałowej na dolną połowę każdego rogalika.
e) Połóż górną połowę rogalika z powrotem na nadzieniu.
f) Wierzch każdego rogalika posyp płatkami migdałów.
g) Rogaliki układamy na blasze wyłożonej papierem do pieczenia.
h) Piec w nagrzanym piekarniku przez 10-12 minut lub do momentu, aż rogaliki staną się złotobrązowe i chrupiące.
i) Wyjmij z piekarnika i pozwól im lekko ostygnąć.
j) Oprószyć cukrem pudrem według uznania.
k) Podawaj te wspaniałe mini-rogaliki migdałowe jako smaczną i orzechową przekąskę.

69.Rogaliki z różową różą i pistacjami

SKŁADNIKI:

- 1 szklanka pełnego mleka
- ¾ szklanki ciepłej wody
- 2 (4-½ łyżeczki) koperty drożdży
- 4 szklanki mąki uniwersalnej
- 1 ¼ szklanki niesolonego masła, zimnego
- 4 łyżki cukru
- 2 łyżeczki soli morskiej
- 1 jajko
- Szczypta soli
- Różowy cukierek topi się
- 1 szklanka posiekanych pistacji
- 1 szklanka liofilizowanych malin

INSTRUKCJE:
rogaliki:

a) Wymieszaj wodę i mleko, podgrzej do temperatury 100–110 °F. Wlać ¼ szklanki do małej miski i rozpuścić drożdże, odstawić na 5 minut lub do momentu, aż zaczną się pienić.

b) W dużej misce wymieszaj mąkę i ¼ szklanki masła za pomocą widelca, blendera do ciasta lub robota kuchennego nastawionego na ciasto. Mieszaj, aż mieszanina będzie przypominać bułkę tartą. Wymieszaj cukier i sól.

c) Na środku mąki zrobić wgłębienie, wlać drożdże, resztę mleka i wodę. Dobrze wymieszaj, aby utworzyć ciasto, ugniataj na lekko posypanej mąką powierzchni, aż będzie gładkie, około 6 minut. Wróć do miski, przykryj folią i odstaw na 20 minut.

d) Wyłóż dwie blachy do pieczenia papierem pergaminowym; będą one potrzebne do etapów schładzania ciasta.

e) Umieść pozostałe masło pomiędzy 2 arkuszami wosku lub papieru pergaminowego i spłaszcz wałkiem do momentu, aż będzie równe i kwadratowe o wymiarach około 7 x 7 cali, schłódź aż będzie gotowe do użycia.

f) Wyrośnięte ciasto wyłóż na blat posypany mąką i rozwałkuj na kwadrat o wymiarach 10 x 10 cali.

g) Połóż spłaszczony kwadrat masła na wierzchu ciasta, obróć go w romb (rogi masła skierowane są w stronę prostych boków ciasta) i złóż odsłonięte rogi ciasta nad masłem tak, aby stykały się ze środkiem jak koperta, delikatnie ściskając krawędzie razem. Uważaj, aby ciasto nie nachodziło na siebie, tylko złącz krawędzie razem. Schładzaj przez 20 minut.

h) Zacznij wałkować ciasto od środka na zewnątrz, tworząc prostokąt o długości 24 cali i szerokości 10 cali. Staraj się, aby boki i rogi były proste i kwadratowe. Złóż na trzy części, po drodze strzepując nadmiar mąki, umieść lewą trzecią część na środkowej trzeciej części, a następnie złóż prawą trzecią część nad stosem, otrzymując prostokąt o wymiarach 10" x 8". Przykryj plastikową folią i schładzaj przez 20 minut.

i) Obróć prostokąt poziomo i rozwałkuj go na wymiary 24 x 10 cali, a następnie złóż ponownie na trzy części i schłódź kolejne 20 minut.

j) Następnie rozwałkuj prostokąt na wymiary 24 x 16 cali, przetnij dłuższy bok ciasta na pół, tak aby otrzymać dwa kawałki o wymiarach 12 x 16 cali, ułóż jeden na drugim, wyrównaj wycięte krawędzie, przykryj folią i schładzamy w lodówce przez 20 minut.

k) Rozwałkuj każdy kawałek na wymiary 20 x 12 cali i przetnij wzdłuż na pół, tak aby otrzymać dwa kawałki o wymiarach 20 cali x 6 cali, przykryj i schładzaj przez kolejne 10 minut.

l) Zaczynając od pierwszego kawałka, rozwałkuj ciasto o długości 30 cali i szerokości 8 cali. Twórz trójkąty za pomocą linijki, odmierzaj 5-calowe przyrosty wzdłuż dłuższej krawędzi, wycinając małe nacięcie w każdym odstępie.

m) Wzdłuż przeciwnej strony zrób to samo, zaczynając od nacięć pośrodku pozostałych znaków, tak aby utworzyć „punkt" trójkąta. Za pomocą noża do pizzy połącz wszystkie znaki, tak aby pozostało 11 trójkątów plus dwie połówki, które możesz połączyć, aby utworzyć kolejny trójkąt, w sumie 12.

n) Zwijaj każdy trójkąt ciasno od podstawy do końcówki, pojedynczo strzepując nadmiar mąki. Ułożyć na blasze do pieczenia w 3 rzędach po 4 w równych odstępach, końcówki wsunąć pod spód i pozostawić do wyrośnięcia w ciepłym miejscu, aż podwoi swoją objętość, czyli około jednej godziny. Czynność powtórzyć z drugą częścią ciasta.

o) Rozgrzej piekarnik do 350°F lub piecz konwekcyjnie w temperaturze 325°F. W małej misce ubij jajko ze szczyptą soli, posmaruj rogaliki rozmąconym jajkiem i piecz przez 20-25 minut lub do momentu uzyskania głębokiego złocistego koloru.

ZANURZENIE:

p) Rozpuść różowy cukierek, postępując zgodnie ze wskazówkami na opakowaniu.

q) Grubo posiekaj 1 szklankę pistacji i odłóż na bok.

r) Z grubsza pokrusz 1 szklankę liofilizowanych malin i odłóż na bok.

s) Zanurz połowę każdego rogalika w roztopionym różowym cukierku i umieść go na drucianej kratce.

t) Natychmiast posyp posiekanymi pistacjami lub pokruszonymi liofilizowanymi malinami zanurzoną połowę rogalików i delikatnie wciśnij je w mokry cukierek.

u) Powtórzyć proces maczania i posypywania pozostałych rogalików.

v) Przed podaniem poczekaj, aż cukierek się rozpuści, około 15 minut.

70.Rogaliki z miodem lawendowym

SKŁADNIKI:
- Podstawowe ciasto na croissanty
- ¼ szklanki miodu
- 1 łyżka suszonej lawendy kulinarnej
- 1 jajko ubite z 1 łyżką wody

INSTRUKCJE:
a) Ciasto na croissanty rozwałkowujemy na dużny prostokąt.
b) Ciasto pokroić w trójkąty.
c) W małej misce wymieszaj miód i lawendę.
d) Na dolną połowę każdego rogalika nałóż cienką warstwę miodu lawendowego.
e) Wymień górną połowę rogalika i delikatnie dociśnij.
f) Ułóż rogaliki na blasze wyłożonej papierem do pieczenia, posmaruj jajkiem i odstaw do wyrośnięcia na 1 godzinę.
g) Rozgrzej piekarnik do 200°C i piecz rogaliki przez 20-25 minut, aż uzyskają złoty kolor.

71.Rogaliki z płatkami róż

SKŁADNIKI:
- Podstawowe ciasto na croissanty
- ¼ szklanki suszonych płatków róż
- ¼ szklanki) cukru
- 1 jajko ubite z 1 łyżką wody

INSTRUKCJE:
a) Ciasto na croissanty rozwałkowujemy na dużej prostokąt.
b) Ciasto pokroić w trójkąty.
c) W misce wymieszaj suszone płatki róż i cukier.
d) Posyp mieszaniną płatków róży dolną połowę każdego rogalika.
e) Wymień górną połowę rogalika i delikatnie dociśnij.
f) Ułóż rogaliki na blasze wyłożonej papierem do pieczenia, posmaruj jajkiem i odstaw do wyrośnięcia na 1 godzinę.
g) Rozgrzej piekarnik do 200°C i piecz rogaliki przez 20-25 minut, aż uzyskają złoty kolor.

72.Rogaliki z kwiatami pomarańczy

SKŁADNIKI:
- Podstawowe ciasto na croissanty
- ¼ szklanki wody z kwiatu pomarańczy
- ¼ szklanki) cukru
- 1 jajko ubite z 1 łyżką wody

INSTRUKCJE:

a) Ciasto na croissanty rozwałkowujemy na dużny prostokąt.

b) Ciasto pokroić w trójkąty.

c) W małej misce wymieszaj wodę z kwiatu pomarańczy i cukier.

d) Nałóż cienką warstwę mieszanki kwiatów pomarańczy na dolną połowę każdego rogalika.

e) Wymień górną połowę rogalika i delikatnie dociśnij.

f) Ułóż rogaliki na blasze wyłożonej papierem do pieczenia, posmaruj jajkiem i odstaw do wyrośnięcia na 1 godzinę.

g) Rozgrzej piekarnik do 200°C i piecz rogaliki przez 20-25 minut, aż uzyskają złoty kolor.

73. Croissanty z hibiskusem

SKŁADNIKI:
- Podstawowe ciasto na croissanty
- ¼ szklanki suszonych kwiatów hibiskusa
- ¼ szklanki) cukru
- 1 jajko ubite z 1 łyżką wody

INSTRUKCJE:
a) Ciasto na croissanty rozwałkowujemy na duży prostokąt.
b) Ciasto pokroić w trójkąty.
c) W misce wymieszaj suszone kwiaty hibiskusa i cukier.
d) Posyp mieszaniną cukru hibiskusowego dolną połowę każdego rogalika.
e) Wymień górną połowę rogalika i delikatnie dociśnij.
f) Ułóż rogaliki na blasze wyłożonej papierem do pieczenia, posmaruj jajkiem i odstaw do wyrośnięcia na 1 godzinę.
g) Rozgrzej piekarnik do 200°C i piecz rogaliki przez 20-25 minut, aż uzyskają złoty kolor.

74.Rogaliki jagodowe

SKŁADNIKI:
- Podstawowe ciasto na croissanty
- 1 szklanka świeżych jagód
- ¼ szklanki granulowanego cukru
- 1 łyżka skrobi kukurydzianej
- 1 jajko ubite z 1 łyżką wody

INSTRUKCJE:

a) Ciasto na croissanty rozwałkowujemy na dużą prostokąt.

b) W małej misce wymieszaj jagody, cukier i skrobię kukurydzianą.

c) Rozprowadź równomiernie masę jagodową na powierzchni ciasta.

d) Ciasto pokroić w trójkąty.

e) Każdy trójkąt zwiń w kształt rogalika.

f) Ułóż rogaliki na blasze wyłożonej papierem do pieczenia, posmaruj jajkiem i odstaw do wyrośnięcia na 1 godzinę.

g) Rozgrzej piekarnik do 200°C i piecz rogaliki przez 20-25 minut, aż uzyskają złoty kolor.

75.Rogaliki Malinowe

SKŁADNIKI:
- Podstawowe ciasto na croissanty
- 1 szklanka świeżych malin
- ¼ szklanki granulowanego cukru
- 1 jajko ubite z 1 łyżką wody

INSTRUKCJE:

a) Ciasto na croissanty rozwałkowujemy na duży prostokąt.
b) Ciasto pokroić w trójkąty.
c) Na każdym rogaliku ułóż świeże maliny.
d) Posyp maliny cukrem granulowanym.
e) Zwiń każdy trójkąt, zaczynając od szerszego końca, i uformuj go w pół księżyc.
f) Ułóż rogaliki na wyłożonej papierem blasze i odstaw do wyrośnięcia na 1 godzinę.
g) Rozgrzej piekarnik do 200°C i piecz rogaliki przez 20-25 minut, aż uzyskają złoty kolor.

76.Rogaliki brzoskwiniowe

SKŁADNIKI:
- Podstawowe ciasto na croissanty
- 2 dojrzałe brzoskwinie, obrane i pokrojone w kostkę
- ¼ szklanki granulowanego cukru
- ½ łyżeczki mielonego cynamonu
- 1 jajko ubite z 1 łyżką wody

INSTRUKCJE:
a) Ciasto na croissanty rozwałkowujemy na dużym prostokąt.
b) W małej misce wymieszaj pokrojone w kostkę brzoskwinie, cukier i cynamon.
c) Rozłóż masę brzoskwiniową równomiernie na powierzchni ciasta.
d) Ciasto pokroić w trójkąty.
e) Każdy trójkąt zwiń w kształt rogalika.
f) Ułóż rogaliki na blasze wyłożonej papierem do pieczenia, posmaruj jajkiem i odstaw do wyrośnięcia na 1 godzinę.
g) Rozgrzej piekarnik do 200°C i piecz rogaliki przez 20-25 minut, aż uzyskają złoty kolor.

77. Mieszane rogaliki jagodowe

SKŁADNIKI:
- Podstawowe ciasto na croissanty
- ½ szklanki mieszanych jagód (takich jak jagody, maliny i jeżyny)
- ¼ szklanki granulowanego cukru
- 1 łyżka skrobi kukurydzianej
- 1 jajko ubite z 1 łyżką wody

INSTRUKCJE:
a) Ciasto na croissanty rozwałkowujemy na dużym prostokąt.
b) W małej misce wymieszaj zmieszane jagody, cukier i skrobię kukurydzianą.
c) Rozłóż masę jagodową równomiernie na powierzchni ciasta.
d) Ciasto pokroić w trójkąty.
e) Każdy trójkąt zwiń w kształt rogalika.
f) Ułóż rogaliki na blasze wyłożonej papierem do pieczenia, posmaruj jajkiem i odstaw do wyrośnięcia na 1 godzinę.
g) Rozgrzej piekarnik do 200°C i piecz rogaliki przez 20-25 minut, aż uzyskają złoty kolor.

78. Rogaliki żurawinowe i pomarańczowe

SKŁADNIKI:
- 1 arkusz ciasta francuskiego, rozmrożonego
- ¼ szklanki sosu żurawinowego
- ¼ szklanki marmolady pomarańczowej
- ¼ szklanki posiekanych migdałów
- 1 jajko, ubite
- Cukier puder, do posypania

INSTRUKCJE:
a) Rozgrzej piekarnik do 190°C (375°F).
b) Na lekko posypanej mąką powierzchni rozwałkuj ciasto francuskie na duży prostokąt. Ciasto pokroić na 4 równe trójkąty.
c) W misce wymieszaj sos żurawinowy, marmoladę pomarańczową i posiekane migdały.
d) Nałóż łyżkę mieszanki na najszerszą część każdego trójkąta. Zwiń rogaliki od najszerszego końca w kierunku wierzchołka.
e) Rogaliki układamy na blasze wyłożonej papierem do pieczenia i smarujemy roztrzepanym jajkiem.
f) Piec 15-20 minut, aż rogaliki będą złocistobrązowe i chrupiące.
g) Przed podaniem posypujemy cukrem pudrem.

79. Croissanty Ananasowe

SKŁADNIKI:
- 1 arkusz ciasta francuskiego, rozmrożonego
- 1 puszka pokruszonego ananasa, odsączonego
- ¼ szklanki brązowego cukru
- ¼ szklanki niesolonego masła, roztopionego
- 1 jajko, ubite
- Cukier puder, do posypania

INSTRUKCJE:
a) Rozgrzej piekarnik do 190°C (375°F).
b) Na lekko posypanej mąką powierzchni rozwałkuj ciasto francuskie na duży prostokąt. Ciasto pokroić na 4 równe trójkąty.
c) W misce wymieszaj pokruszony ananas, brązowy cukier i roztopione masło.
d) Na najszerszą część każdego trójkąta nałóż łyżkę mieszanki ananasowej. Zwiń rogaliki od najszerszego końca w kierunku wierzchołka.
e) Rogaliki układamy na blasze wyłożonej papierem do pieczenia i smarujemy roztrzepanym jajkiem.
f) Piec 15-20 minut, aż rogaliki będą złocistobrązowe i chrupiące.
g) Przed podaniem posypujemy cukrem pudrem.

80.Rogaliki śliwkowe

SKŁADNIKI:

- 1 arkusz ciasta francuskiego, rozmrożonego
- 4-5 śliwek pokrojonych w cienkie plasterki
- 2 łyżki miodu
- ¼ szklanki mąki migdałowej
- 1 jajko, ubite
- Cukier puder, do posypania

INSTRUKCJE:

a) Rozgrzej piekarnik do 190°C (375°F).

b) Na lekko posypanej mąką powierzchni rozwałkuj ciasto francuskie na duży prostokąt. Ciasto pokroić na 4 równe trójkąty.

c) W misce wymieszaj pokrojone śliwki, miód i mąkę migdałową.

d) Na najszerszą część każdego trójkąta nałóż łyżkę mieszanki śliwkowej. Zwiń rogaliki od najszerszego końca w kierunku wierzchołka.

e) Rogaliki układamy na blasze wyłożonej papierem do pieczenia i smarujemy roztrzepanym jajkiem.

f) Piec 15-20 minut, aż rogaliki będą złocistobrązowe i chrupiące.

g) Przed podaniem posypujemy cukrem pudrem.

81.Croissanty Bananowe Eclair

SKŁADNIKI:
- 4 Mrożone rogaliki
- 2 Kwadraty półsłodkiej czekolady
- 1 łyżka masła
- ¼ szklanki przesianego cukru cukierniczego
- 1 łyżeczka Gorąca woda; do 2
- 1 szklanka budyniu waniliowego
- 2 średnie banany; pokrojony

INSTRUKCJE:

a) Zamrożone rogaliki przekrój wzdłuż na pół; wyjechać razem. Podgrzej zamrożone rogaliki na nienatłuszczonej blasze do pieczenia w temperaturze 325°F. piekarnik 9-11 minut.

b) Rozpuść razem czekoladę i masło. Wymieszaj cukier i wodę, aby uzyskać nadającą się do smarowania glazurę.

c) Na dolną połowę każdego rogalika nałóż ¼ szklanki budyniu. Na wierzchu ułóż pokrojone w plasterki banany.

d) Wymień wierzchołki rogalików; polać polewą czekoladową.

e) Podawać.

BABECZKI I MUFFINKI

82. Cytryna r Babeczki z mieszanką ciast

SKŁADNIKI:
- mieszanki na ciasto z białą czekoladą
- 1/4 szklanki lemon curd
- 3 łyżki soku z cytryny
- 3 łyżeczki startej skórki z cytryny
- 3 łyżki nalewki
- 1/2 szklanki masła, miękkiego
- 3-1/2 szklanki cukru cukierniczego
- 1/4 szklanki dżemu truskawkowego bez pestek
- 2 łyżki mleka 2%

INSTRUKCJE:
- Wyłóż 24 foremki na muffinki papierowymi papilotkami.
- ciasta przygotuj ciasto na ciasto zgodnie z instrukcją na opakowaniu, zmniejszając ilość wody o 4 łyżki i dodając lemon curd, sok z cytryny, skórkę z cytryny i nalewkę.
- Napełnij przygotowane kubki w około dwóch trzecich.
- Upiecz i ostudź babeczki zgodnie z instrukcją na opakowaniu.
- W dużej misce utrzyj masło, cukier puder, dżem i mleko na gładką masę. Babeczki chłodzone mrozem.

83. Czekoladowe Babeczki Karmelowe

SKŁADNIKI:
- 1 opakowanie mieszanki na ciasto czekoladowe
- 3 łyżki masło
- 24 karmelki
- 3/4 szklanki półsłodkich kawałków czekolady
- 1 szklanka posiekanych orzechów włoskich
- Dodatkowe orzechy włoskie, opcjonalnie

INSTRUKCJE:
a) Przygotować ciasto na ciasto zgodnie z instrukcją na opakowaniu babeczek, używając masła.
b) Napełnij 24 wyłożone papierem foremki na muffiny do jednej trzeciej; odłóż pozostałe ciasto na bok. Piec w temperaturze 350° przez 7-8 minut lub do momentu, aż wierzch babeczki będzie wyglądał na zastygły.
c) Delikatnie wciśnij karmel w każdą babeczkę; posypać kawałkami czekolady i orzechami włoskimi. Posmaruj pozostałym ciastem.
d) Piec 15-20 minut dłużej lub do momentu, aż wykałaczka będzie sucha.
e) Studzimy przez 5 minut przed wyjęciem z foremek na drucianą kratkę, aby całkowicie ostygły.

84. Babeczki Błotne

SKŁADNIKI:
- 1 pudełko mieszanki na ciasto czekoladowe o wadze 18,25 uncji plus składniki wymienione na pudełku
- 3 łyżki masła
- 1 16-uncjowa tubka lukru czekoladowego
- 2 szklanki pokruszonych czekoladowych ciasteczek kanapkowych
- Syrop czekoladowy do dekoracji
- 1 8-uncjowe opakowanie żelków

INSTRUKCJE:
a) Przygotowuj i piecz babeczki zgodnie z instrukcją przygotowania ciasta. Użyj masła lub oleju.
b) Przed nałożeniem lukru poczekaj, aż babeczki całkowicie ostygną.
c) Wierzch posypujemy kruszonką z ciastek i polewamy syropem czekoladowym.
d) Przekrój gumowate robaki na pół. Umieść każdą wyciętą krawędź w lukrze, aby stworzyć iluzję robaka pełzającego w błocie.

85. Mieszanka ciast dyniowych Muffins

SKŁADNIKI:
- 1 29-uncjowa puszka puree z dyni
- 1 pudełko mieszanki na ciasto czekoladowe o wadze 16,4 uncji
- 3 łyżki oleju

INSTRUKCJE:
a) Rozgrzej piekarnik zgodnie z instrukcją przygotowania ciasta, używając oleju.
b) Foremki do muffinów wyłóż papierowymi papilotkami.
c) Zmiksuj puree z dyni na masę ciasta. Wlać do foremek na muffinki.
d) Piec zgodnie z instrukcją przygotowania ciasta na muffiny.

86.Mieszanka ciast Pralinowe Babeczki

SKŁADNIKI:
- mieszanki na ciasto czekoladowe o wadze 18,25 uncji
- 1 szklanka mleka maślanego
- ¼ szklanki oleju
- 4 jajka
- Posypka do lodów karmelowych
- Posiekane orzechy pekan do dekoracji
- 72 praliny

INSTRUKCJE:
a) Rozgrzej piekarnik do 350°F. Formę do muffinów wyłóż papierowymi papilotkami.
b) Połącz mieszankę ciasta, maślankę, olej i jajka w dużej misce i ubijaj mikserem elektrycznym ustawionym na niską prędkość, aż powstanie gładkie ciasto. Napełnij foremki do pieczenia do połowy.
c) Piec 15 minut lub do momentu, aż wierzch będzie złoty. Wyjmij babeczki z piekarnika i poczekaj, aż całkowicie ostygną, zanim dodasz dodatki.
d) Najlepsze babeczki z polewą karmelową; posypać orzechami pekan i udekorować 3 pralinami na babeczkę.

87. Piña Colada i babeczki

SKŁADNIKI:
- 1 pudełko o masie 18,25 uncji, mieszanka ciasta z białą czekoladą
- 1 pudełko 3,9-uncjowej mieszanki błyskawicznego francuskiego budyniu waniliowego
- ¼ szklanki oleju
- ½ szklanki wody
- 2/3 szklanki jasnego rumu, podzielone
- 4 jajka
- 1 14-uncjowa puszka plus 1 szklanka pokruszonego ananasa
- 1 szklanka słodzonych płatków kokosowych
- 1 16-uncjowa waniliowa lukier waniliowy
- 1 12-uncjowa bita polewa niemleczna
- Prażony kokos do dekoracji
- Parasole koktajlowe

INSTRUKCJE:
a) Rozgrzej piekarnik do 350°F.
b) Wymieszaj masę ciasta, mieszankę budyniową, olej, wodę i 1/3 szklanki rumu za pomocą miksera elektrycznego ustawionego na średnią prędkość. Dodawaj po jednym jajku, powoli ubijając ciasto.
c) Złóż puszkę ananasa i kokosa. Przelać do foremek i piec 25 minut.
d) Aby przygotować lukier, wymieszaj pozostałą 1 szklankę pokruszonego ananasa 1/3 szklanki rumu i lukier waniliowy, aż zgęstnieje.
e) Dodaj niemleczną ubitą polewę.
f) Posmaruj całkowicie wystudzone babeczki i udekoruj prażonym kokosem i parasolką.

88.Miniciasteczka Wiśniowo- Cola

SKŁADNIKI:
- 2 jajka
- 1 łyżeczka wanilii
- 1 pudełko o masie 18,25 uncji, mieszanka ciasta z białą czekoladą
- ¼ szklanki nalewki
- 1 ¼ szklanki coli o smaku wiśniowym
- 1 12-uncjowa tuba gotowego lukieru do wyboru

INSTRUKCJE:
a) Rozgrzej piekarnik do 350°F.
b) Formę do muffinów wyłóż papierowymi papilotkami. Lekko spryskaj sprayem kuchennym.
c) wymieszaj jajka, wanilię, mieszankę ciasta, nalewkę i wiśniową colę i dobrze wymieszaj za pomocą miksera elektrycznego.
d) Piec przez 20 minut.
e) Całkowicie fajne babeczki

89. Babeczki Czerwone Aksamitne

SKŁADNIKI:

- 2 białka jaj
- 2 szklanki mieszanki na ciasto z czerwonego aksamitu
- 1 szklanka mieszanki na ciasto czekoladowe
- ¼ szklanki nalewki
- 1 12-uncjowa torebka kawałków czekolady
- 1 12-uncjowa puszka napoju gazowanego cytrynowo-limonkowego
- 1 12-uncjowa tuba gotowa do smarowania lukieru ze śmietany

INSTRUKCJE:

a) Rozgrzej piekarnik do 350°F. Formę do muffinów wyłóż papierowymi papilotkami.
b) Połącz białka jaj, obie mieszanki ciast, nalewkę, kawałki czekolady i napój gazowany w dużej misce. Dobrze wymieszaj, aż powstanie gładkie ciasto. Wlać ciasto do foremek do pieczenia.
c) Piec przez 20 minut.
d) Przed nałożeniem lukru poczekaj, aż babeczki ostygną.

90. Babeczki Szarlotkowe

SKŁADNIKI:
- 1 18,25-uncjowa mieszanka ciasta z białą czekoladą
- ¼ szklanki wody
- ¼ szklanki kokosa olej
- 1 jajko
- 2 łyżki przygotowanej mieszanki przypraw do ciasta dyniowego
- 1 15-uncjowa puszka nadzienia do szarlotki
- 1 12-uncjowy lukier z serka śmietankowego

INSTRUKCJE:
a) Rozgrzej piekarnik do 350°F. Formę do muffinów wyłóż papierowymi papilotkami.
b) Wymieszaj mieszankę ciasta, wodę, olej konopny-kokosowy, jajko i mieszankę przypraw za pomocą miksera elektrycznego, aż powstanie gładkie ciasto.
c) Złóż nadzienie do ciasta. Napełnij foremki do pieczenia do połowy. Piec 23 minuty.
d) Przed lukrem poczekaj, aż babeczki ostygną na kratce.

91.Silny Babeczki Mysie

SKŁADNIKI:

- 1 pudełko mieszanki na ciasto czekoladowe o wadze 18,25 uncji i składniki na pudełku
- 1/2 szklanki oleju
- 24 małe okrągłe ciasteczka czekoladowo-miętowe, przekrojone na pół
- 1 12,6-uncjowa torebka okrągłych czekoladek pokrytych cukierkami
- Cienkie sznurki czarnej lukrecji
- 24 gałki lodów czekoladowych

INSTRUKCJE:

a) Rozgrzej piekarnik do 375°F. Formę do muffinów wyłóż papierowymi papilotkami.
b) Przygotuj ciasto i upiecz zgodnie z instrukcją przygotowania babeczek, używając oleju.
c) Wyjmij babeczki z piekarnika i pozostaw do całkowitego ostygnięcia.
d) Wyjmij babeczki z papierowych kubków.
e) Używając przekrojonych na pół okrągłych ciasteczek do uszu, cukierków do oczu i nosa oraz lukrecji do wąsów, udekoruj babeczki na wzór myszy. Ułożyć na blaszce i zamrozić.

BARY I KWADRATY

92. Sztaby szachowe

SKŁADNIKI:

- 1 18,25-uncjowa mieszanka ciasta czekoladowego
- ½ szklanki masła
- 4 jajka
- ½ szklanki białego cukru
- 1 8-uncjowy serek śmietankowy w opakowaniu, zmiękczony

INSTRUKCJE:

a) Rozgrzej piekarnik do 350°F.
b) Nasmaruj tłuszczem i mąką patelnię o wymiarach 9 × 13 cali. Odłożyć na bok.
c) W dużej misce wymieszaj masę ciasta, masło i 1 jajko, aż powstanie masa przypominająca kruche ciasto. Wklep mieszaninę na dno patelni.
d) W osobnej misce wymieszaj cukier, pozostałe jajka i miękki serek śmietankowy. Warstwa na wierzchu ciasta. Piec przez 40 minut lub do momentu, aż lekko się zarumieni.
e) Pozostawić do ostygnięcia na patelni przed nacięciem na batony.

93.Batoniki malinowe i czekoladowe

SKŁADNIKI:

- 1 pudełko mieszanki na ciasto czekoladowe o wadze 18,25 uncji
- 1/3 szklanki skondensowanego mleka
- 1 ½ szklanki roztopionego masła
- 1 szklanka posiekanych orzechów
- ½ szklanki dżemu malinowego bez pestek
- 12-uncjowe kawałki czekolady

INSTRUKCJE:

a) Rozgrzej piekarnik do 350°F. Nasmaruj tłuszczem i mąką patelnię o wymiarach 9 cali × 13 cali. Odłożyć na bok.
b) Połącz mieszankę ciasta, skondensowane mleko, masło i orzechy, aby uzyskać bardzo lepkie, lepkie ciasto. Połowę ciasta wylej na dno formy i piecz przez 10 minut.
c) W międzyczasie rozpuść dżem w kuchence mikrofalowej.
d) Wyjmij upieczony spód z piekarnika i przykryj roztopionym dżemem i kawałkami czekolady. Przykryj pozostałym ciastem i piecz przez 20 minut.
e) Całkowicie ostudzić przed cięciem.

94.Ciasto Mieszane Batony Wiśniowe

SKŁADNIKI:

- 1 pudełko mieszanki na ciasto czekoladowe o wadze 18,25 uncji
- 1 15-uncjowa puszka nadzienia do ciasta wiśniowego
- 1 łyżeczka ekstraktu migdałowego
- 1 łyżeczka ekstraktu waniliowego
- 2 jajka
- 1 szklanka cukru
- 7 łyżek masła
- 1/3 szklanki pełnego mleka
- 1 opakowanie półsłodkich kawałków czekolady o wadze 12 uncji

INSTRUKCJE:

a) Rozgrzej piekarnik do 350°F. Spryskaj patelnię o wymiarach 13 × 9 cali sprayem zapobiegającym przywieraniu. Odłożyć na bok.

b) Połącz mieszankę ciasta, nadzienie do ciasta, ekstrakty i jajka w dużej misce i ubijaj mikserem elektrycznym, aż dobrze się wymieszają.

c) Wlać ciasto do formy i piec w temperaturze 350°F przez 25 minut lub do momentu, aż ciasto całkowicie się zetnie. Wyjmij z piekarnika.

d) W dużym rondlu wymieszaj cukier, masło i mleko. Doprowadzić do wrzenia. Zdejmij patelnię z ognia i dodaj kawałki czekolady, mieszając, aż się rozpuszczą.

e) Ciepłą masę czekoladową wylewamy na ciepłe ciasto i rozprowadzamy do pokrycia. Pozostawić do ostygnięcia i stwardnienia przed pocięciem na batony.

95. Ciasto czekoladowe

SKŁADNIKI:

- 1 pudełko mieszanki na ciasto czekoladowe o wadze 18,25 uncji plus składniki wymienione na pudełku
- 1 6-uncjowy słoik karmelowej polewy do lodów
- 7 uncji ropy
- 1 8-uncjowa wanna z bitą polewą niemleczną, rozmrożona
- 8 batoników pokrojonych lub połamanych na kawałki

INSTRUKCJE:

a) Przygotuj i upiecz ciasto zgodnie z instrukcją dla ciasta o wymiarach 9 × 13 cali . Użyj cewki.
b) Wyjmij ciasto z piekarnika i odstaw do ostygnięcia na 10 minut, a następnie nakłuj wierzch ciasta widelcem lub szpikulcem z długimi ząbkami.
c) Na ciasto wylewamy karmel, a następnie mleko skondensowane, wypełniając wszystkie dziury. Pozostaw ciasto do całkowitego ostygnięcia.
d) Posmaruj ubitą polewą i posyp kawałkami batoników. Zamrażać

96.Potluckie bary

SKŁADNIKI:

- 1 pudełko o masie 18,25 uncji, mieszanka ciasta z białą czekoladą
- 2 duże jajka
- 1/3 szklanki oleju
- 1 puszka słodzonego mleka skondensowanego
- 1 szklanka półsłodkich kawałków czekolady
- Orzechy włoskie, orzeszki ziemne lub kokos do smaku
- ¼ szklanki masła

INSTRUKCJE:

a) Rozgrzej piekarnik do 350°F. naczynie do pieczenia o wymiarach 13" × 9" × 2" posmaruj masłem. Odłóż na bok.

b) Połącz masę ciasta, jajka i olej w misce i ubijaj, aż składniki zostaną równomiernie wymieszane. Na dno formy wciśnij 2/3 ciasta.

c) Połącz mleko skondensowane, kawałki czekolady i masło w misce nadającej się do kuchenki mikrofalowej. Kuchenka mikrofalowa przez 1 minutę na dużej mocy. Wyjąć i wymieszać widelcem na gładką masę.

d) Na spód wylać masę czekoladową. Na wierzchu warstwy czekolady ułóż orzechy lub kokos. Posmaruj pozostałym ciastem.

e) Piec przez 20 minut lub do momentu lekkiego zrumienienia. Studzimy w naczyniu do pieczenia. Pokroić w kwadraty.

97. Batony z ciasteczkami maślanymi

SKŁADNIKI:

- 1 opakowanie mieszanki na ciasto z ciemnej czekolady
- 1 opakowanie (3,9 uncji) mieszanki błyskawicznego budyniu czekoladowego
- 1/2 szklanki 2% mleka
- 1/3 szklanki rzepaku olej
- 1/3 szklanki roztopionego masła
- 2 duże jajka, do użytku podzielonego
- 6 batoników maślanych (1,9 uncji każdy), podzielonych
- 1-1/2 szklanki grubego masła orzechowego
- 1 łyżeczka ekstraktu waniliowego
- 1-1/2 szklanki półsłodkich kawałków czekolady, podzielone

INSTRUKCJE:

a) Rozgrzej piekarnik do 350°.
b) W dużej misce połącz mieszankę ciasta z mieszanką budyniową.
c) W drugiej misce wymieszaj mleko, olej, masło i 1 jajko, aż się połączą. Dodaj do suchych składników; mieszaj tylko do zwilżenia.
d) Wciśnij połowę mieszanki do natłuszczonej formy o wymiarach 15 x 10 x 1 cal. taca do pieczenia. Piec, aż wierzch będzie suchy, 6-8 minut.
e) W międzyczasie posiekaj 2 batoniki. Wymieszaj masło orzechowe , wanilię i pozostałe jajko z pozostałą mieszanką ciasta. Dodać posiekane batony i 1 szklankę kawałków czekolady.
f) Posiekaj 3 dodatkowe batoniki; posypać ciepłym ciastem i delikatnie docisnąć. Przykryj mieszanką ciasta; mocno docisnąć metalową szpatułką.
g) Zmiażdż pozostały batonik; posyp pokruszonym batonikiem i pozostałą 1/2 szklanki kawałków czekolady na wierzchu.
h) Piec, aż wykałaczka włożona w środek będzie czysta, 20-25 minut.
i) Całkowicie ostudzić na metalowej kratce. Pokroić w batoniki. Przechowywać w szczelnym pojemniku.

98. Pudełko na ciasto Słupy

SKŁADNIKI:

- 2 opakowania 3,9 uncji czekoladowego budyniu błyskawicznego
- 4 szklanki oleju
- 2 opakowania 18,25 uncji Mieszanka ciasta czekoladowego bez budyniu
- 4 szklanki kawałków czekolady
- Cukier cukierniczy do dekoracji

INSTRUKCJE:

a) Rozgrzej piekarnik do 350°F.
b) Nasmaruj tłuszczem i mąką dwie patelnie z galaretkami o wymiarach 10 × 15 cali. Odłożyć na bok.
c) W dużej misce wymieszaj oba pudełka mieszanki budyniowej i mleka.
d) Powoli włóż oba pudełka ciasta. Włóż kawałki czekolady. Piec 35 minut. Posyp cukrem cukierniczym.
e) Pozostawić do całkowitego ostygnięcia przed pocięciem na kwadraty.
f)

99. Natchnione masło orzechowe Kwadraty

SKŁADNIKI:

- ½ szklanki masła, miękkiego
- ¾ szklanki masła orzechowego
- mieszanki na ciasto czekoladowe o pojemności 18,25 uncji
- 4 tuziny czekoladowych pocałunków, nieopakowane
- Cukier puder

INSTRUKCJE:

a) W dużej misce połącz masło z masłem orzechowym i dobrze wymieszaj. Dodaj mieszankę ciasta; mieszać, aż powstanie ciasto. Przykryj i schładzaj przez 4–6 godzin.
b) Gdy wszystko będzie gotowe do pieczenia, rozgrzej piekarnik do 400°F.
c) Rozwałkuj ciasto łyżkami wokół czekoladowego pocałunku; uformuj kulę i ułóż na blaszce wyłożonej papierem pergaminowym.
d) Piecz ciasteczka przez 8–12 minut lub do momentu, aż będą gotowe.
e) Pozostawiamy na blasze do ostygnięcia na 3 minuty, następnie wrzucamy do cukru pudru i wałkujemy do pokrycia.
f) Całkowicie ostudź na metalowej kratce, a gdy ostygnie, ponownie obtocz w cukrze pudrze.

100. Batony z orzechami karmelowymi

SKŁADNIKI:
- 1 opakowanie mieszanki na ciasto czekoladowe
- 3 łyżki masło zmiękczone
- 1 jajko
- 14 uncji słodzonego skondensowanego mleka
- 1 jajko
- 1 łyżeczka czystego ekstraktu waniliowego
- 1/2 szklanki drobno zmielonych orzechów włoskich
- 1/2 szklanki drobno zmielonych kawałków toffi

INSTRUKCJE:
a) Rozgrzej piekarnik do 350.

b) Przygotuj prostokątną formę do ciasta za pomocą sprayu do gotowania, a następnie odłóż na bok.

c) W misce wymieszaj masę ciasta, masło i jedno jajko, a następnie mieszaj, aż powstanie kruszonka.

d) Wyciśnij mieszaninę na dno przygotowanej formy i odłóż na bok.

e) W drugiej misce wymieszaj mleko, pozostałe jajko, ekstrakt, orzechy włoskie i kawałki toffi.

f) Dobrze wymieszaj i wylej na bazę na patelni.

g) Piec 35 minut.

WNIOSEK

Żegnając się z „Moją książką kucharską z puszki na ciasto", mamy nadzieję, że odkryłeś radość i satysfakcję, jaką pieczenie wnosi do Twojego życia. Od pierwszego zapachu wanilii wydobywającego się z piekarnika, aż do chwili, gdy delektujesz się ostatnim okruchem świeżo upieczonego ciasta, pieczenie to praca pełna miłości, która odżywia zarówno ciało, jak i duszę. Kontynuując przygodę z pieczeniem, pamiętaj o magii eksperymentów, rozkoszowaniu się słodyczą sukcesu i odnalezieniu ukojenia w cieple kuchni.

Kiedy aromat świeżo upieczonych smakołyków zaniknie i delektujesz się ostatnim kawałkiem, wiedz, że wspomnienia stworzone w kuchni pozostaną w pamięci, będą pielęgnowane i cenione. Podziel się swoją miłością do pieczenia z bliskimi, celebruj chwile życia kawałkiem ciasta lub kawałkiem tarty i pozwól, aby prosta przyjemność domowych smakołyków rozjaśniła Twoje dni. A kiedy będziesz gotowy, aby wyruszyć w kolejną podróż związaną z pieczeniem, „Moja mała książka kucharska z tortownicą" będzie tutaj, gotowa, aby ponownie Cię zainspirować i zachwycić.

Dziękujemy, że mogliśmy być częścią Waszych kulinarnych przygód. Niech Twoja kuchnia napełni się uśmiechem, Twój piekarnik ciepłem, a Twoje serce radością pieczenia. Do ponownego spotkania, życzę udanych wypieków i smacznego!

www.ingramcontent.com/pod-product-compliance
Lightning Source LLC
Chambersburg PA
CBHW070655120526
44590CB00013BA/973